La Poésie acadienne

Gérald Leblanc et Claude Beausoleil

La Poésie acadienne

Les Éditions Perce-Neige
Les Écrits des Forges

22-140, rue Botsford
Moncton (Nouveau-Brunswick) E1C 4X4 Canada

Conception graphique : Paul J. Bourque
Mise en pages : Charlette Robichaud

Données de catalogage avant publication (Canada)
Vedette principale au titre :
La poésie acadienne
(Collection Poésie)
ISBN 2-920221-26-4 (Éditions Perce-Neige)
ISBN 2-89046-509-8 (Écrits des Forges)
1. Poésie acadienne. I. Leblanc, Gérald, 1945- . II. Beausoleil, Claude, 1948- III. Collection : Collection Poésie (Moncton, N.-B.)

PS8295.5.M37P6 1999 C841'.5408'09715 C99-950165-8
PQ3917.M37P6 1999

Distribution en librairie :
Diffusion Prologue
1650, boulevard Lionel-Bertrand
Boisbriand (Québec) J7E 4H4
Tél. : (514) 434-0306/1-800-363-3864
Téléc. : (514) 434-2627/1-800-361-8088

Le Conseil des Arts du Canada depuis 1957 | The Canada Council for the Arts since 1957

La production des Éditions Perce-Neige est rendue possible grâce à la contribution financière du Conseil des Arts du Canada et de la Direction des Arts du Nouveau-Brunswick.

La poésie d'Acadie : une tradition de modernité

Claude Beausoleil

SE DIRE AU MONDE

la mer accueille le galop furibond
de ces traces que nous laissons
Roméo Savoie

Dire les lieux et les mémoires, l'intimité et la globalité de cette part d'Amérique qui vit, aime, souffre, écrit et rêve en français, c'est ce à quoi travaille la poésie acadienne. Venue de l'oralité comme plusieurs poésies de la francophonie (Québec, Afrique, Antilles, Louisiane), elle inscrit son américanité à vif. Plurielle et rebelle, à la fois marginale et centre éclaté, elle est étonnante de vitalité et de trouvailles. Entre tradition et invention, elle s'avance sans filet, débordante, imaginative, singulière *comme un boxeur dans une cathédrale.* Elle ajoute sa voix à celles de ses soeurs, française comme elles, universelle dans son besoin viscéral de se dire au monde, elle propose un éloge contemporain de la différence.

UN PAYS AFFECTIF

La nuit n'a pas d'ombre,
L'horizon est sans voile
Eddy Boudreau

La poésie a toujours à faire avec l'histoire puisque son langage tente une traversée du temps. Il y a dans le poème un point de vue sur la réalité qui condense l'essentiel d'une parole, se ramifiant en significations par l'acte de lecture, complément à celui de l'écriture. Ce que cherche le poème c'est l'autre, l'absent, sans lequel le langage est rendu à son néant. Par l'imagination de cet absent idéal le poème devient dialogue absolu, miroir concret.

En Acadie, la poésie est une histoire de territoires. Son langage porte dans ses trouées et ses affirmations, le discours d'une réalité fuyante. Le poème devient lieu du monde, ancrage, réel et fictif, résistance au silence imposé de l'extérieur à ce territoire flottant, disséminé au Nouveau-

Brunswick, en Nouvelle-Écosse, à l'Ile-du-Prince-Édouard, ailleurs, au coeur d'un mot englobant, nié cartographiquement mais omniprésent affectivement : Acadie. Dans cette dérive des référents, le poème incarne les routes possibles, puisque, comme l'écrit Gérald Leblanc, «L'Acadie chaude s'écarte d'un discours linéaire».

L'histoire de l'Acadie est tragique, unique. La Déportation de 1755, nommée aussi «le Grand dérangement», a laissé des traces. Mémoire et douleur, dispersion et errance, sont à jamais des moteurs de cette poésie qui s'écrit en français, au Nord des États-Unis, à l'Est du Québec, au bord de l'Atlantique, voix universelle inscrivant ses éclats dans l'ensemble linguistique de la francophonie. Mots balisés par le flux et le reflux d'une façon d'être et d'écrire dans cette mouvance des pistes. Entre l'histoire d'une défaite et la conquête inventive d'un secret cheminement fait d'endurance et d'une capacité à ruser, toute langue au vent du large, ses mots caméléons inversent le silence dans le cri du poème.

Dans *Cri de Terre* (1972), Raymond Guy Leblanc fait un bilan: «Je suis acadien / Ce qui signifie / Multiplié fourré dispersé acheté aliéné vendu révolté / Homme déchiré vers l'avenir». Ce que l'Histoire a tu, le poème le dira avec ses lucidités, ses états de crise. Tension entre l'identité et le paraître, les mots du poème empruntent au quotidien, à cette histoire niante, la force de transgresser ses manques.

En ce sens la poésie acadienne cherche l'autre, le lecteur son frère, à travers l'envers de l'histoire qui la forçait au silence, annulant corps et langue, «déportant» ses racines, son imaginaire et ses réseaux humains. L'errance est aussi une façon d'exister. Nomade, la poésie est revenue dans la marge de l'Histoire pour inscrire l'aventure brisée, cahotique, espérante, de cette collectivité acadienne. Une des dynamiques de cette poésie de langue française est l'osmose qu'elle propose entre l'énergie des consciences individuelles et celle du contexte social. Le «je» y prolifère et devient regard critique ou ludique sur le «nous», comme dans le poème *Je suis acadien*. Langue devenue vorace parce que contrainte, le français d'Acadie est un corps à la fois meurtri par ses expériences violentes et protégé par la stratégie qu'il a tissé, au jour le jour, par cette symbiose nerveuse entre langue et vie dont les retombées sont complexes. Si la poésie acadienne ne peut évidemment pas être réduite à ce refus de l'arrêt de mort prononcé de l'extérieur sur son matériau linguistique et culturel, elle porte en elle les blessures de son Histoire.

Dans la poésie acadienne contemporaine, il y a une fascination pour le récit, le narratif. Récit brisé, emporté dans des effusions baroques où rêve et réalité se confondent. À travers le mouvement d'une phrase à la syntaxe bouleversée, cette attirance pour le récit révèle un désir d'exprimer par des micro-histoires personnelles, l'inénarrable de l'autre Histoire. Le rôle de la fiction devient celui d'un catalyseur. Suppléant à la trame officielle, une saga morcelée retient dans ses bribes les figures éclatées d'un spectre identitaire. Dans *Ma soeur est dans la lune*, Louis Comeau décrit l'intime (le familial) s'ouvrant démesurément, sur le social devenu cosmique (la lune). Le poème, «comme les graines de plantes sauvages» imagine un univers à partir d'un détail. La scène personnelle retisse la grande scène «dans la voie lactée».

Le seul pays habitable serait peut-être celui de la fiction et de son émotion. Pour Herménégilde Chiasson, «L'Acadie est un pays affectif». Rêveries, combats, fuites livrés inépuisables à la pulsion houleuse du langage, à l'amplitude l'errance, *à l'antenne des oracles.*

LES CODES DE LA RUSE

Le soir, quand on habite une dimension aussi floue que l'Amérique, on voudrait que le late show dure toute la nuit et que le mot fin n'apparaisse jamais à la fin du happy end, quand les héros s'embrassent et qu'on angoisse dans les salons.

Herménégilde Chiasson
Gérald Leblanc

L'Acadie n'est pas en exil de l'Europe. L'Acadie est d'Amérique. Sa musique, ses ruptures, le disent. D'une Amérique planant du Nord au Sud, verticale; d'Edmundston à Caraquet, de Moncton à Lafayette, Bâton Rouge, de la Louisianne à Port-Royal, à Grand-Pré. Dans cet espace américain uniformisé, l'Acadie s'écrit dans un souffle français, tenace comme un blues, une lamentation, laissant entendre sa *complainte du continent.* Passé, présent, futur s'y engouffrent et s'y perdent. L'Acadie est le seul territoire d'Amérique à demeurer un mythe. Elle tient sa grandeur de cette réalité farouche par laquelle elle échappe au développement stéréotypé des autres dimensions de l'Amérique. Et si le mode de vie en Acadie est américanisé, quelque part il y a dans cette culture une dérobade des signes montrant une énergie différente. Cela, la poésie le dit: incantatoire, d'un réalisme souvent halluciné, imaginant des chants entre les mélopées et les brisures.

La poésie acadienne se fait volontiers chamanique, répétant les règles anciennes amplifiées par les techniques modernes. Il y a un courant qui passe dans ces *Sorcières de vent*, ces *Prophéties* ou *Requiem en saule pleureur.* La magie est invoquée, présente. Les titres ne craignent pas le mystère comme dans *l'Hara-Kiri de Santa-Gougouna,* ni les fées, ni le fantastique. C'est comme si cette poésie recréait sans cesse les conditions d'un projet unissant parole et changement, individu et cosmos. Eddy Boudreau écrit dans *Crépuscule* : «Ce soir, j'ai le don d'ubiquité: / je plane comme une âme, je rampe sous la fleur; / m'éloignant de la terre, je n'ai plus d'horizon.» Cette conscience de la précarité de la vie humaine dans l'ensemble des conditions de déséquilibre dans lesquelles l'homme du XXe siècle évolue, la poésie acadienne y est souvent sensible et élabore des images tenant compte du nucléaire, de la menace, du fragile voyage qu'est la vie. Daniel Dugas dans *Les Bibelots de Tungstène* écrit: «Nous sommes tous alignées le dos au mur et les taches de sang sont encore / en nous / Nous voilà arrivées au bout du monde et les mains qui nous touchent / sont encore plus chaudes.»

Dans la prise de conscience d'une communauté d'aspirations, et ceci depuis 1970, les soirées de lecture de poésie ont été fort importantes. Elles l'ont également été dans l'exploration d'une stylistique anaphorique privilégiant, dans les éclatements de son discours, le langage parlé. Le poème devient en quelque sorte le centre de nouveaux échanges, pointant cet «horizon» que le poète Eddy Boudreau, dans sa douloureuse expérience de poésie, évoquait comme étant «sans voile». La poésie d'Acadie est née de l'oralité, des complaintes et des histoires des «amis rassemblés et des contes du soir» dont se souvient Joséphine Duguay. C'est par la langue commune, proférée, écoutée, que le partage s'opère et en cela, le poème est rendu à son rôle originel d'exorcisme et de catharsis. Origine, fête, rituel sont dans un corps à corps avec le poème devenu parole vivante investissant d'autres lieux pour faire entendre les urgences qu'il contient. Le poème se fait théâtre, offrande, performance -genre auquel la nouvelle poésie acadienne s'est adonnée avec une proposition d'hybridité montrant bien le désir de communiquer dans une totalité la ferveur du poème. Gravité, emportement, mixture de sons et d'images donnent à cette poésie devenue spectacle une sorte de densité due à l'osmose opérant entre poème, poète et spectateur. À *la jointure du temps, la Limite élastique* est à chaque intervention testée.

LES ORIGINES D'UNE MODERNITÉ

nous porterons à nos lèvres le goût de l'autre

Martin Pître

Dans les années 1940 la poésie acadienne manifeste, par la publication des recueils d'Eddy Boudreau et de Napoléon Landry, les premiers signes d'une autonomisation qui mènera à une affirmation de la modernité. C'est à travers leurs poèmes, exaltant respectivement la douleur et la foi, - l'un dans les retours intimistes, l'autre par des exhortations à la pérennité de l'Acadie - que se poseront les bases de ce que le nationalisme des années 1970 explorera d'une manière plus contemporaine. Napoléon Landry lançait dans des alexandrins flamboyants ce que la poésie de Léonard Forest ou le *Cri de Terre* de Raymond Leblanc incarneront dans l'Acadie aux prises avec les problèmes sociaux-économiques de temps plus actuels. Posant lui-même la question, «Notre Société défendra-t-elle sa langue?», Napoléon Landry répond par d'autres questions et des exclamations empreintes d'élans nationalistes dont l'écho, différemment, se fera entendre dans plusieurs recueils de la nouvelle poésie acadienne: «Dans la confusion de la cité moderne, / Irons-nous renier le verbe des anciens? / De ce passé de gloire allons-nous mettre en berne / Le cher drapeau? Briserons-nous tous ces liens / Qui rattachent notre âme à l'âme des ancêtres? / -Ah! Non, les Acadiens ne seront pas des traîtres!» Eddy Boudreau, pour sa part, écrira: «J'écoute soupirer la terre et murmurer les cieux», aussi: «Le charme disparaît quand viennent les ténèbres.» Et c'est un coeur torturé qui plonge dans sa misère de vivre, gardant devant la nature une certaine faculté d'émerveillement. C'est avec Eddy Boudreau que naîtra, également dans les années 1940, la poésie de l'intime, du «je», de la découverte de l'individu face à sa destinée faite des vicissitudes du temps qui passe: «Au sein d'un paysage agreste repose ma douleur.» Cet axe intimiste amènera plus tard des poèmes comme ceux de Ronald Després, Roméo Savoie ou encore ceux de Martin Pître, France Daigle, Judith Hamel ou Rino Morin Rossignol, dans lesquels le monde de la vie intime, des sensations, du détail amoureux, pourra prendre place à côté des envolées plus lyriques de la poésie à tendance sociale. Si l'écriture des poèmes d'Eddy Boudreau et de Napoléon Landry n'est pas une écriture bousculant les règles traditionnelles de la prosodie, elle n'en contient pas moins les caractéristiques principales que les modernes reprendront en expérimentant davantage les avenues inédites du poème. Nationalisme, lyrisme, intimisme demeurent des questions présentes dans la production poétique récente. Un livre comme *Mourir à Scoudouc* d'Herménégilde Chiasson est intéressant par la synthèse qu'il propose de ces voix dont il joue avec ampleur, donnant à la poésie acadienne une tonalité tout à fait particulière. Quotidien, histoire sociale et histoire du poétique s'y superposent. Le poème Eugénie Melanson instaure une circulation d'images et de significations entre l'intime et le collectif. C'est dans le passé que l'unité triomphe. Par l'introduction d'un référent photographique, le rythme et l'écriture du poème donnent le tableau d'une Acadie réactualisant sa mémoire dans des formes répétitives, scandant le retour de l'Histoire dans une histoire individuée, microcosme de l'autre, celle du social: «Ni les drapeaux tricolores / Ni les amours perdues / Ni les amours permises, encore / N'auront fait pâlir ta beauté, Eugénie Melanson / Toi dont la photo traversa les années / Pour me faire signe / Un après-midi de juin, quand le ciel était trop bleu et que le soleil descendait trop bas / dans un pays qui ne pouvait plus être le mien.» D'une nostalgie débordante, ce poème instaure la mémoire comme tremplin.

Le film *Toutes les photos finissent par se ressembler* (ONF, 1986) d'Herménégilde Chiasson retrace les débuts de la poésie acadienne moderne. C'est à partir de lectures et d'interventions publiques que l'histoire de cette poésie est narrée, incluse dans une autre histoire, une fiction, devenue métaphore de la poursuite du travail. Une jeune fille voulant devenir écrivain vient demander conseil à son père, écrivain acadien. Ce jeune père, biologique et culturel, lui racontera alors l'histoire d'une autre naissance, celle de l'Acadie moderne à travers des signes socio-culturels (nationalismes, fondation de l'Association des écrivains acadiens, lancements de livres de poèmes, soirées de poésie -en Acadie, en France à Beaubourg- origine et modernité confrontées), des images évoquent sa propre venue à l'écriture. Par ce dialogue aux détours fictifs et historiques, le mouvement se perpétue, le silence est impossible. L'immobilité de la scène du restaurant, lieu d'ancrage d'où s'organise le récit filmique, est entourée d'indices d'errance: auto, avion, route, mer, bateau entrant au port. La photo est traversée de bleu, les paroles sont une marée dans cet océan mnémonique. Être acadien c'est l'écrire et tenter un inventaires dans lequel il faudra tout dire, du silence à la lamentation, du rythme oral aux influences américaines, de la dérive aux pulsions de construire, de l'unité au chaos. Toutes les photos finissent par se ressembler, puisque le temps et le poème les rassemblent dans une passion commune, celle de vivre et de créer. La modernité interroge le passé récent, les traces neuves profilent la suite sur la ligne du temps. Et les conversations dans ce restaurant de Moncton incarnent le rituel initiatique de la passation du pouvoir des mots.

SUR LA ROUTE DU POÈME

L'univers de l'expérience rattrapant celui de la langue

France Daigle

Pendant l'explosion culturelle des années 1970-1980, les poètes ont beaucoup investi dans l'animation et les échanges, montrant une volonté nouvelle de s'inscrire corps et mots dans un lieu à nommer, volonté filmer, chanter, peindre, volonté d'y publier, critiquer, enseigner. Désormais, l'Acadie, de plus en plus reconnue comme centre ou référence, se manifeste directement dans le tissu social et culturel, tout en prenant l'air du large dont le Goncourt d'Antonine Maillet, plusieurs dossiers ou numéros spéciaux de revues (*Estuaires*, *Les cahiers bleus*, *Mensuel 25*, ou plus récemment *Spirale* et *Tangence*...) sont des signes tangibles.

Moderne, cette poésie pratique diverses formes telles qu'on les trouve dans les écritures poétiques publiées au Québec, en Europe ou aux États-Unis. S'il existe une exploration hybride particulière à la poésie acadienne, on peut supposer que cela est dû à cette position de confluences linguistiques et culturelles. Dans ces *lieux transitoires* la poésie entretient avec la réalité des rapports électriques faits de replis, fulgurances et tourments, réinvestissant son continent propre qui est langage en dérive, image, communion, «comme si tout l'monde se connaissait» dans un paysage sans cesse réinventé. Les mots du poème sont des rumeurs, parfois des grimaces, qui parlent d'une existence faite de tensions et de contrastes. Les images du feu et de l'eau sont fréquentes, tout comme cette façon de voir le quotidien sous l'angle de l'étrange et du fantastique. Les choses volent, les maisons brûlent, la réalité est constamment mise en doute. Et parfois pour mieux tolérer l'intolérable, on fait l'inventaire, mais un inventaire vertigineux, comme dans le *Tableau de backyard* de Guy Arsenault qui a donné avec son recueil, *Acadie Rock*, une sorte de forme matricielle à la poésie acadienne qui s'écrira par la suite. C'est à partir de cet inventaire des mots et des mémoires d'enfance, que le langage sera de nouveau possible, alimenté de repères disant dans un rythme hallucinant les détails infimes, recueillant les déchirures originelles, étape cruciale de la formation de l'identité de la poésie acadienne comme esthétique et imaginaire. Il résulte de cette mixture incantatoire, une parole brute, sonore, délivrant l'écho d'une zone -l'enfance, la mémoire- dont le retour est impossible, mais permettant par ce cumul vertigineux de redonner corps au vocabulaire d'une culture à reposséder, avec ses mots durs et colorés, brisés au choc du continent, assumés aussi, avec leur force essentielle. Après la publication d'un tel poème en 1972, la poésie acadienne disait, rythmait, sa différence jusqu'à l'excès, jusqu'au malaise: «bosses de maringouin / pelure de banane / bouchon de bouteille / bête à cosse / bois de popsicle / bête à patate / ...comme si tout'l monde se connaissait / ...senteur de chez nous / senteur de mon père / senteur de ma mère / senteur de mon grand-père / senteur de mes soeurs, de mes frères / senteur à moi / senteur de chez nous / comme si tout'l monde se connaissait...» Et à partir de ces litanies, la fête, la mémoire, seront redonnées en version originale.

Toute poésie est issue d'un contexte spécifique et si le poème est aventure du langage, cette aventure s'inscrit mot à mot dans la page sociale qui l'imprime de ses caractères distinctifs. La poésie acadienne travaille à se faire une tradition tenant compte de ses origines et de l'époque dans laquelle elle inscrit sa vision du monde. Striée d'autres cultures, son développement ne se fait pas en serre chaude. Cependant, ce n'est pas du côté de l'anglicisation alarmiste qu'il faut penser la langue utilisée dans la poésie acadienne moderne, mais bien plutôt en termes de posture inédite, bricolant dans cette mixture, un surplus de langue déstabilisée, quelque chose comme d'essentiel, de mouvant, d'inquiétant aussi, en osmose avec l'état précaire et viscéral de cette culture. Transformer, revivifier les codes linguistiques dans l'optique de faire de la langue tout le territoire, c'est-à-dire une autre fiction en acte de communication, voilà ce qui se trame de plus inouï dans cette poésie venue d'Acadie. Et cela donne souvent des chants libres, saccagés, au son inattendu, éclaté. La poésie acadienne disperse les règles pour retrouver l'exigence intérieure de dire quand ce n'est plus l'ordre qui établit la route du poème, mais le poème qui façonne l'inconnu, l'horizon. Bien sûr, que dans cette direction il y a du danger, mais aussi et souvent, dans ce risque même, il y a l'expérience de la beauté.

NOUVELLES ERRANCES

parler au silence
puis lancer un cri vers l'inconnu
Éric Cormier

En 1988, une première version de cette anthologie de *La Poésie acadienne*, regroupant des textes de 1948 à cette date, est parue au Québec (Écrits des Forges) et en France (Castor astral / Le Temps qu'il fait). Plusieurs fois réimprimée, son sommaire présentait plus d'une vingtaine d'auteurs et mêlait poèmes déjà «classiques» et inédits.

L'effervescence poétique des années 1990 nous a incités à préparer une nouvelle anthologie, considérablement remaniée et incluant des poèmes de plus d'une cinquantaine d'auteurs. Des années 1940 à cette toute fin de siècle, la poésie d'Acadie a contredit titre après titre un certain pessimisme historique et n'a cessé de dire haut et fort ses urgences et ses états d'être. Les grandes voix dites de la génération de la première modernité ont poursuivi leurs oeuvres. Les Roméo Savoie, Herménégilede Chiasson, Raymond Leblanc, Dyane Léger, Gérald Leblanc et d'autres ont approfondi leur quête du poème. Mais une toute nouvelle génération de poètes a surgi pendant les années 1980-1990. Eclectique, ludique, parfois ironique, sociale (plus qu'on ne l'a dit), cette nouvelle vague de poètes a assumé à sa manière, avec déconstructions, bifurcations et nouvelles errances, les grandes affirmations des années 1970.

Du large lyrisme de Serge Patrice Thibodeau, aux propositions plus feutrées de Fredric Gary Comeau ou de Jean-Philippe Raîche, jusqu'aux ruptures plus «à vif» des Jean-Marc Dugas, Marc Arseneau, Marc Poirier, Eric Cormier ou Christian Brun, c'est un second souffle de modernité qui a déferlé, questionnant notre époque en une sorte de clin d'oeil hétéroclite.

Un des liens qui existent entre ces diverses générations de poètes acadiens serait peut-être le fait que presque tous pratiquent une autre forme d'art: chanteur, musicien, peintre, parolier, dramaturge, sculpteur, cinéaste, photographe, artiste multi-média...

Résolument tournée vers les accents du présent, à travers un rapport à langue qui se situe à *L'Extrême frontière* des frottements et des usages, utilisant de diverses façons le «chiac», le «free french», des modulations issues du rock'n roll et une musique du dedans aux *Miniatures* formellement contrôlées, la nouvelle poésie d'Acadie semble bien, après avoir sondé la *Soif des ombres* et contemplé la *Mer en feu*, vouloir, en toute liberté, continuer à faire à sa tête et à *hucher parmi les bombardes.*

Nouvelles voix. Nouveaux défis. La poésie acadienne, de la ville de Moncton qu'elle a investie, à l'univers qu'elle veut rencontrer, poursuit son voyage en racontant dans une langue déliée, les éclats contrastés de sa passion du monde.

Paris, mai 1999
Claude Beausoleil

Napoléon Landry

LE PETITCODIAC

Marée descendante

Quelle vie ardente est la tienne
Rivière de mon fier pays!
Qu'un passant ait pour toi mépris,

Moi je t'aime et t'appelle mienne.
N'es-tu pas une soeur du Nil?
L'Acadien, sur toi, ne vint-il
Pas d'exil? N'es-tu pas l'artère
Qui palpite au flanc de la terre,
Qui charie un flot rouge et fort
Et sème la vie à plein bord?
Lorsque la lune, rouge et ronde,
Déclanche un rythme étrange à l'onde
Et que l'heure sonne au cadran,
Rivière, vers ton Océan
Tu te déverses toute entière
Et dans ta béante litière
Etales au ciel étonné
Le Grand-Rocher tout satiné
De goémon et cette épave
Aux mâts brisés, couverts de lave
Qui les bras tendus vers le ciel
Exhale un suppliant appel
Dans l'espace où tout agonise...
Un sable implacable l'enlise!
Le vent plus sonore, le soir.
Prend son vol dans ton entonnoir.
Ton gouffre aux falaises rougeâtres
Se creuse. Des amphithéâtres
Se dessinent lointains, profonds,
Comme un abîme, en ces bas fonds.
De grâce écoute ma requête,
Mer! Ne va pas plus loin! ... Arrête! ...

Marée montante

L'Océan, à bout se refoule.
En bas du Cap-Rouge, la houle,
D'un tintamarre de clairons,
Mobilise ses escadrons,
Et tel qu'un Titan sous la nue,
Se démène et passe en revue,
– Dieu sait pour quelle invasion, –
Sa formidable légion.
Ici, à nos pieds le rivage
Oppose une épaule sauvage
A l'effort de la haute mer.
A l'horizon brille un éclair;
Le Cap-Enragé, dans la brume,
Projette un front blême qui fume...
Un court moment, où tout se meurt,
Suscite, en l'air, de la stupeur.
Déjà la vague au large ondule,
Et pour le combat s'accumule,
Ainsi qu'un coursier trop ardent
Piaffe, prend le mors aux dents,
Hennit, bondit, se cabre, écume...
Le phare à la Pointe s'allume (1)
Prends vite ton vol sur le vent,
Gibier à la huppe d'argent!
Ralentis tes feux, grande lune!
Tiens fort tes cavales, Neptune!
Pêcheurs ne soyez pas surpris!
La vague en démence s'apprête
Au combat. — Une énorme crête
Se courbe, prend son galop
Engloutit tout, carène, îlot,
Attaque les flancs de la terre,
Roule et gronde comme un tonnerre,
Rage, écume, crinière au vent,
Et triomphalement reprend,
Puisque l'heure au vieux cadran sonne,
Le domaine que Dieu lui donne.

O rivière de mon pays
Quelle vie ardente est la tienne!
Qu'un passant ait pour toi mépris,
Moi, je t'aime et t'appelle mienne!

(1) La Pointe des Beaux Monts.

GRATITUDE À LONGFELLOW

La brise qui frôle nos cimes,
Et ride notre Océan bleu
Frémit sur ta lyre sublime
Bien-aimé Longfellow! Un Dieu
De justice infuse ton âme
De son Esprit, de son Amour,
D'une étincelle qui t'enflamme
Quand, saint prophète, sans détours,
Tu fais tienne notre Acadie,
Et dis sur un rythme immortel,
L'exil et la peine infinie
D'Évangéline et Gabriel
Ton poème éclaire l'Histoire!
Qui t'écoute sent bien jaillir
De ses yeux les larmes. Ta gloire
Auréole un peuple martyr!
Peuple indompté, qui se rappelle
Beauséjour, Grand-Pré, Port-Royal;
Vois-tu là-bas cette chapelle
Qui dresse un clocher triomphal?
Sois-en sûr, ô poète fière!
Tout un peuple épris de splendeurs,
Redira tes chants de lumière!
De là, fleurira sa grandeur!

-*Poèmes acadiens*, 1955

7IÈME DISCOURS

M. le Président :

Monsieur, dites-nous un mot de notre Histoire?

Ne devons-nous donc pas connaître notre histoire?
N'a-t-elle pas laissé sur tout ce continent
Le long rayonnement de son passé de gloire?
Messieurs, rappelez-vous ce fait plus qu'étonnant :
Port-Royal recevait trente-cinq familles,
Il y a trois cents ans, sur ses penchants si beaux;
Déjà, sous le regard de Dieu, ses fils, ses filles,
Parsèment les hauteurs de villages nouveaux;
Leurs clochers, en plein ciel, jalonnent la presqu'île.
Malgré tant de combats, en un siècle et demi,
Toujours leur nombre augmente. Ils sont déjà dix mille.
Dix mille Acadiens! - horreur de l'ennemi -
Le pays tout entier de leurs refrains s'anime;
La Baie-Française chante, en berçant sur ses eaux,
Cent flotilles. L'espoir exalte chaque cime.
Un empire s'ébauche au murmure des flots!

8IÈEME DISCOURS

Monsieur le Président :

Notre Société défendra-t-elle sa langue?

Dans la confusion de la cité moderne,
Irons-nous reniers le verbe des anciens?
De ce passé de gloire allons-nous mettre en berne
Le cher drapeau? Briserons-nous tous ces liens
Qui rattachent notre âme à l'âme des ancêtres?
-Ah non, les Acadiens ne seront pas des traître!

-*Poèmes de mon pays*, 1949

François-Moïse Lanteigne

LE CALICE

«Ce calice, Seigneur, qu'il s'éloigne de moi.»
Dit le Sauveur sous le coup de l'émoi;
Car bientôt de sa chair ouverte
Son sang teindra l'herbe verte.
Aux apôtres témoins
Il dit : «ah! du moins
Que la prière
Persévère».
De plus,
Jésus,
sous l'empire
De la crainte transpire
Son sang divin.
Demain
Au Calvaire,
Sous l'oeil sévère
Du perfide pharisien,
Jésus-Christ le Nazaréen
Offrant pour nous le sang qui nous délie,
Boira l'amer calice, en croix, jusqu'à la lie.

- *Lyre d'Acadie*, 1951

Joséphine Duguay

REGRETS

Je n'ai jamais connu ton village, Grand-Pré,
Ton fleuve caressant, tes vallons, ta prairie;
Ni les riches reflets de l'horizon pourpré
Déroulant sur tes bois sa longue draperie

Je n'ai pu contempler la beauté de tes champs,
M'endormir aux refrains des petites bergères;
Je n'ai jamais couru sur tes sables mouvants,
Ni monter tes radeaux faits d'écorces légères.

Comme j'aurais aimé tes prés couverts de lin,
Les bruyants groupements quand venait le broyage;
La chanson du métier, celle du vieux moulin,
Et le commun ruisseau pour le jour du lavage;
Les amis rassemblés et les contes du soir,
Le joyeux réveillon, la bûche flamboyante;
Grand-mère souriant devant le dévidoir,
Tes plaisirs sans reproche, ô jeunesse riante!

J'ai grandi loin de toi, mais pourtant dans mon coeur,
Je garde le parfum de la patrie absente;
Je porte le secret qui t'a valu l'honneur,
Rien ne peut me ravir cette joie innocente;
Souvenirs d'autrefois, rendez à nos berceaux,
La fierté, la vertu, puissance d'une race!
Éloignez le danger, rallumez les flambeaux,
Protégez l'avenir que le monde menace.

VERS QUE J'AIME

Je n'aime pas les vers écrits à l'encre rose,
Où se mire en dansant un morceau de ciel bleu;
Où le coeur éperdu sur chaque fleur se pose;
Où la jeunesse y peint son lamentable adieu.

Je n'aime pas non plus ce lyrisme sans flamme,
Où les brises du soir éteignent la raison;
Des vers couleur de deuil, vrais suaires de l'âme,
Tout ruisselants, hélas, de leur mortel poison.

Mais, j'aime un fier poème, un rêve à grands coups d'ailes,
Le vers où vibre encore un rire franc, joyeux;
L'idéal sans vertige, au beau resté fidèle;
Un vers auquel une âme a prêté ses deux yeux.

TOUT PASSE

Il n'est pas de matin qui n'arrive à son soir,
Pas de splendide nuit qui soudain ne s'éveille;
Et le bonheur d'hier dans son frêle miroir,
Déjà voit se flétrir les charmes de la veille.

L'enfant dans ses ébats montre tout son savoir;
Il s'enivre de joie encore quand il sommeille;
Il apprendra bientôt que l'austère devoir
A changé son destin. Lamentable merveille.

Aujourd'hui l'oiseau chante et demain il se tait;
De même notre coeur inconstant, infidèle,
Pleure dans le silence où jadis il chantait.

Tout passe avec le temps. La mémoire rebelle
Ne peut marcher de paire avec la volonté.
Hélas! rien d'éternel sinon l'Éternité...

Eddy Boudreau

FRESQUE CHAMPÊTRE

Hommage à la J. A. C.

Une ombre soudaine dévaste l'horizon.
Une brume légère, volatile, propage la grisaille.
On dirait la terreur simulée dans l'azur...
Un mystère se profilant qui recèle le désastre...
Car l'infini sans lumière ne livre plus de charme.
Pareil au soir qui formule des adieux
en échos qui traînent pour annoncer l'orage.
Les virtuoses d'un chêne croyant la nuit venue,
s'introduisent dans les feuilles pour entonner des hymnes.
Dans le silence qui roule aux flancs d'un paysage,
je vois le monde cheminer dans l'impasse;

l'homme qui déplore le soleil pour ranimer la vie.
Il n'y a plus de couleurs dans les champs.
Nulle volupté parmi les fleurs;
pas même une abeille au tréfonds des corolles
le ciel est absent et la terre semble épuisée...
Elle soulève un sein végétal où fermente la douleur.
Dans l'extase de mes pensées,
je vois l'humanité sans le secours des cieux!
Tableau de souffrances et de vaines majestés.

* * *

«Gerbes de splendeurs qui brillent et s'effacent.»

Le soir est venu. Il n'y eut pas d'orage.
Le couchant merveilleux a délogé les ombres.
L'astre qui scintille a vaincu les ténèbres.
L'aile se déploie à l'espoir du temps;
«La vie est un perpétuel recommencement.»
C'est l'heure de la trève aux angles du terroir...
On revient à la ferme : travailleurs et paysans.
Des voix retentissent qui aiguillonnent l'atelage :
bêtes trop lourdes au poitrail écumant,
crinière flottante et poussièreuse, naseaux dilatés,
hénissant de fierté en vision du repos.
C'est l'heure de la Traite :
le passage des génisses dans les allées de poussière.
Le troupeau qui chevauche, qui piétine la fleur sauvage.
Et, soudain, le calme grandiose, précurseur d'une détente;
seul, le vieux clocher qui prie dans le ciel pur;
l'oiseau qui vocalise, la forêt qui bouge à peine.

Le soleil a fui par-delà l'immensité.
La nuit a poussé l'ombre au seuil des maisons closes.
Le travailleur s'endort murmurant sa prière...
Savourant la paix qui exhale le bien-être.
Son oeuvre est puissante, elle lui assure le bonheur!
Demain, dans l'aube, nous le verrons multiplier l'effort,
au rythme des années perpétuer la vie.

Laboureur, il coule dans tes veines le sang de la race.
Le héros, dans ton coeur, se façonne et grandit.
La terre est féconde et c'est Dieu qui l'harmonise.
Parfois, c'est une mélopée triste et gémissante
quand la nature se tait ou profère le tourment!
Mais la rumeur qui monte dans l'auréole de lumière,
la source qui pleure au confin du labour,
l'homme qui mêle au travail un couplet d'innocence,
Ainsi, s'exprime la gravité des choses.
Noble terrien, par toi une âme se renouvelle;
elle s'ouvre comme un lys au baiser de l'aurore.
Je voudrais chanter ton immortel dessein;
consacrer dans mes vers cette clameur de l'espace :
«Mon fils, trouve en mon sein le fruit de ton labeur.»

DÉPOUILLEMENT

À Charles E. Harpe
de la Société des Écrivains

Novembre a commencé son oeuvre :
une oeuvre de dépouillement.
Je viens d'entendre sangloter la campagne...
Elle frissonnait éperdument,
inquiète des préludes hivernaux.
J'ai remarqué mille choses qui vont périr...
Et la nature était triste;
triste comme ses arbres pleurant de beauté!
Ses grands arbres aux formes diverses;
ils étaient sans couleurs, sans feuillages, sans oiseaux!
Après avoir suscité le rêve, ils criaient de nostalgie...
Après avoir logé les virtuoses de la trille,
ils étaient seuls infiniment!
Oh! quelques feuilles jaunies, crispées,
mordues par la rafale,
persistaient comme un témoignage de fidélité
où naguère s'érigeait le foyer des branches.
Nous passions, et le décor quittait la route.

Derrière nous cependant,
il revenait à la poussière.
- Présage du dénuement des hommes - .
Quelle image, quelle ressemblance!
Quelle splendeur en cette phase d'écroulement!
Automne, grandeur et décrépitude!
J'ai perçu des bruits divers...
Surtout le cri des branches médusées par la brise.
J'ai regardé les champs couleur de rouille.
J'ai vu des hommes déchirer la terre.
Et ce dénuement transperça mon âme...
J'ai cru voir toute la souffrance humaine...
J'ai consolé des mères en deuil,
celles qui ont connu le départ
et vivent l'éternelle absence,
l'absence d'un fils, trait d'union conjugal!
J'ai prodigué le courage à des fiancées,
à celles qui ont connu le charme, la cruauté du rêve;
la liberté, l'indépendance de l'amour...
Toutes celles qui vont inhumer l'espoir!
J'ai vu pleurer l'enfance européenne :
une génération qui veut du pain.
J'ai pénétré dans nos hôpitaux canadiens.
Au chevet de ceux qui souffrent,
je les interrogeais...
J'ai parlé à celui qui lutte pour guérir,
à l'autre que la mort a marqué par avance.
J'imaginais l'aspiration qui meurt :
un lévite sans sacerdoce,
et combien de vocations brisées!
En outre, j'ai vu des lieux où l'on s'amuse,
où l'on chante et s'enivre;
des lieux où l'égoïsme oublie la misère,
la richesse la pauvreté!

O Dieu, pardonne aux impies...
Aux coupables révèle ta bonté.
Seigneur, à ceux qui te comprennent

permets de l'espoir.
Jette sur le monde l'indulgence et l'amour!

-*Vers le triomphe*, 1950

Roméo Savoie

TRACES BIOGRAPHIQUES

je suis né dans un vacuum
l'air filtré   sur les écrans les cow-boys
et le théâtre planches burlesques
amateurs de la dernière nuit   maudite
planches maudites   trouées
je suis de cette heure des larmes amères
dis-tu   dieu est partout   dans l'habit
je ne vois de dessins nulle part   sauf
celui que je fais pour le curé
j'ai douze ans   dans la rue je cours
«dirty frenchman» c'est mon nom
je cours   je ne trébucherai pas par fierté
je ne vois pas de dessins
où est la peinture   j'ai vu
une femme nue extraordinaire
dans un dictionnaire *Larousse Illustré*
des noms   Delacroix   Courbet   Renoir   Rembrandt
tourne   pâlis   cours
je suis   tu es   il est   je ne trébucherai pas
je suis mort   je crois   parfois
parler la langue   avec
je suis assis dans la quatrième rangée
le culture m'assome   j'en parle de si loin
rosa   rosa   rosae   rosae   rosa   rosam
mon premier cours de dessin
avec la méthode du quadrillé
je fais une tête de cheval

j'ai douze ans   je grandis   je parle français
et anglais   et chiac   je casse la gueule
à celui qui rit   je tombe amoureux
de ses cheveux et après ce sera son nez
maman   je m'ennuie de toi   je suis loin
mais je ne pleure pas   je suis un homme
alors je frappe pour ne pas comprendre
quelqu'un jouait du violon   un concert
j'ai quinze ans   la culture est aveugle
les curés me font chier   je connais maintenant
la méchanceté
je n'ai pas encore vu une vraie peinture
je ne sais pas ce que c'est
j'apprends à toucher les filles
j'apprends à jouer au hockey
j'apprends à haïr de plus en plus
au collège nous sommes de partout
j'apprends à jurer en québécois
hostie   d'ciboire   d'tabarnac
moi   je jure en anglais   goddam   fuck off
la culture me pèse si peu
je joue du piano   je serai Chopin
quel gâchis
je suis interné   catacombe   maman
la poussière des soutanes   l'encens
je dirais René Gagnon   celui qui montre des diapositives
celui qui explique mon premier cours
d'histoire de l'art en quatre leçons faciles
first time   je suis bilingue   chiac
je fends la goule à celui   moins
je n'ai rien appris dans cette maudite boîte
parlons culture   j'en parle   je frémis
j'en parle et la langue me bave
manân   kalu   yak   boj   bio
j'illustre le journal   sans raison
une évidence seulement   la leur
moi   j'aimerais mieux écrire
ou parler mieux ou   faire cette peinture

elle est si belle   elle rit
je ferai son portrait d'après-photo
pour lui montrer je monte une exposition
ce sera la première du collège
quel trou   elle rira
je suis mort dans cette honte-là
plus jamais je ne ferai son portrait
ses cheveux ne sont pas si beaux
j'apprends à détester mentir
je ne serai pas Chopin
je ne sais pas encore ce qu'est une peinture
École des Beaux-Arts   je fonds la goule
la ville   je prends le tramway
j'apprends le dessin   je patiente   j'ai vingt-deux ans
je suis étranger   les barbares reviennent de la lune
le poésie se dit à *L'Échourie*
je regarde   je ne vois rien   aveugle
les fleurs partent et reviennent
je travaille   je travaille
il dit   tu le fais
je dis   pourquoi
il dit   parce que je le dis
je me bats   il partira   il ne reviendra plus
je fais la conquête du territoire   je refuse l'assaut
à New York Rauschenberg efface un dessin de Kooning
je l'apprendrai plus tard
à Montréal   Refus global   Borduas   les Automatistes
je ne l'apprends pas
en Acadie   rien   toujours rien
à l'horizon   rien à signaler   les Anglais
température zéro   vents dominants zéro
maman tu es loin   je m'ennuie de toi
c'est l'heure de la cohue
nous allons et venons
la ville est cet amoncellement de rues qu'on partage
c'est l'heure d'apprendre et nous restons enfermés
le pouvoir est autoritaire
la peinture n'est nulle part

première exposition abstraite   rue Sherbrooke
elle fait silence   je suis étonné
par cette nouveauté   nous écoutons Trenet
en troisième année je pars pour Harvard
je reviendrai trois mois plus tard
l'Amérique peut se passer définitivement de moi
j'apprends Gropius   Breuer   Nemeiyer
Le Corbusier   Aalto   Nervi
nous parlons de pays étrangers
nous parlons de la France
à *La Petite Europe* nous buvons des cafés
la poésie fleure nos propos enflammés
Baudelaire   Rimbaud   Verlaine   Nelligan
Jacques   Pierre   Denis   Micheline
Don Drapeau s'attaque
à l'hôtel de ville
ceux qui courent meurent écrasés
nous sommes innocents de la mort
nous regardons des maisons canadiennes
nous cherchons encore et encore
pendant l'été je suis chauffeur taxi   barman
apprenti en construction   dessinateur
je perds mes illusions
je cherche aussi   ah   l'innocence
je cherche la raison des questions
nous jouons à la psychologie   test universitaire
qui voit ne voit pas la troisième dimension
architectes ou peintres   je suis peintre
je pratique autre chose   j'ai vingt-cinq ans
danser   explorer   apprendre
que de mots   préoccupations
livres   dessins   tout refaire
à partir d'une innocence
vomir la pourriture   quel gâchis
refaire pierre sur pierre cette maison
interminable   les rues   toujours les rues
énoncer confondre mesurer
la poussière des nuits   vêtements froissés

tes yeux   qu'elle est loin la mer
maman
introduction au travail payant
je réussis   je suis embauché à l'hôtel de ville
je suis là dans ce lieu macabre   silencieux
je ne peux pas nommer un nom   aucun visage
on m'emprunte   je traverse la rue
j'occupe un espace seul   le travail est ailleurs
je pars   je traverse encore et encore
du rien au rien à l'inutile
je n'ai pas cette patience
trois ans   je regarde les expositions
Denyse Delrue   Agnès Lefort   Waddington
je regarde et me promène   des noms
Tonnancour   Tanabe   Kahane   Beaulieu
Pellan   Cosgrove   Mousseau   Vaillancourt
le pouvoir est religieux   nationaliste
la peinture est loin   j'ai vingt-huit ans
adieu
je vais vers le lieu de mon enfance
emon pays pauvre et paresseux
je vais oeuvrer à apprendre
et bâtir   signe de retour
refus ou fatigue   désoeuvré
quand nous serons émerveillés
nous recommencerons ailleurs
peut-être aussi longtemps
que ce voyage sera nécessaire
aussi longtemps que nous comprendrons
l'utilité de bâtir nos âmes moroses
nos amours
dans mes labyrinthes   je grelottais
en murmurant   quel gâchis
et j'entreprends un autre voyage
terre d'Europe cette fois   je me sauve
je ne sais pas si je veux ce métier
France   îles britanniques   Belgique
Pays-Bas   pays nordiques   et Italie

ce que je vois   pays tassés
chaque espace occupé   et l'architecture
et l'histoire   j'ai quatre yeux   cinq mémoires
décousu   je parcours quinze pays
et m'arrête en Espagne   saison d'hiver
pendant trois mois je peins
je m'embrouille dans mes mots
la cervelle éclatée   j'appartiens à l'Italie
sombre mémoire occidentale   fou
que de traversées   que d'îcones
petit-fils de bûcheron   je traverse l'histoire
la culture est mince   si mince
la résine tache mes mains
l'eau salée tache mes chemises
peindre et pourquoi peindre
pour cerner une erreur sans doute
la largesse me vient à bout de bras
habiter d'autres lieux   d'autres corps
le bonheur se prend   je crois
je veux rire moins mal
je reviendrai de cette randonnée
commence ce besoin de résoudre   la vie glisse
la mer est bleue
je peins maintenant   j'ai trente-six ans
l'Europe   Hartung   Manessier   Matisse
Bissière   Klein   Soulages
comment résoudre   j'entre dans ce lieu
portes closes aussi
la culture si basse   comme la marée
mon coeur si bas   je me promène beaucoup
à apprendre le silence
nous parlerons à nous perdre   assoiffés
travaillant à bâtir   à défaire
tout ce qui est banal apparaît
comme un grand mensonge
je m'en irai   fuir le troc d'âmes
casser et rompre   solitaire
certains trajets ne sont pas terminés

refaire une route de France
pendant dix-huit lunes   en atelier
près de la Sainte Victoire au Châteaunoir
Cézanne   près des garrigues
thym romarin lavande
cascades et la mer à Cassis
et Paris   j'apprends d'autres métiers
dix ans   je ne me sauverai plus
apprendre et montrer et refaire
un corps et refaire un sens
Rauschenberg   Johns et refaire
une poésie   Michaux   Borges
Garneau   Villemaire
et par ces silences qui parcourent des contrées
vastes et étendues   regarder longtemps
la simplicité la complexité et dériver sans encombre
longer des corps aimants   les marais
tellement de marais à contourner je me jette
dans la mer je traverse sur des îles automnales
tout l'monde cache une île quelque part
ventre du vent   crépuscule
rouler en mes moissons
l'eau est tiède   les parfums déments
quand nous n'aurons plus de livres
à partir de nos mémoires
à partir de nos jeux enfantins
à partir de nos mains
ciels bleus écoeurants   nuages blancs
comme des moutons
je déconne définitivement
je dessinerai des gondoles
les oiseaux crient   maman
je suis italien de mémoire
Waltzing Mathilda de Tom Waits
I'm breaking away from sanity de Kim Karnes
Gabie ô Gabie de Baschung
Köln Concert de Keith Jarrett
Believe in Spring de Bill Evans

Skeletons de Rickie Lee Jones
Quatre derniers chants de Strauss
chantés par Kiri Te Kanawa
Suites pour violoncelle seul de Bach
interprétées par Yo-Yo Ma c'est le 1er avril 1987
la bibliothèque murmure des airs climatisés
j'ai froid
le rue dégorge ses saletés dans les caniveaux
j'ai des parfums de conversations et de rires
la mémoire me laboure mes jardins bucoliques
Barachois La Rochelle Strasbourg Capri
Kouchibouguac Jyväskylä Bouctouche
peindre les arbres de mémoire
au fond des cimetières marins taxi
nous roulerons jusqu'au port
les falaises rouges glissades
coups de bigoulée falaises
grands signes inscrits sur des ciels gris
des arbres des ailes d'oiseaux
et tu te demandes ce que nous ferons de ces détritus
la lune traverse mon champ de mémoire
le bleu est écoeurant
je m'empêtre dans mes mots
la circulation est terrible
j'arrive de New York je peux respirer maintenant
Soho peut glisser dans l'Hudson
Kounellis est vivant et Jim Dine et Twombly
et Myriam Cahn
j'ai des taches de rousseur sur les mains
le bleu est écoeurant

-*Trajets dispersés*, 1989

LA BLANCHEUR DU BROUILLARD

tu me diras le volcan s'est éteint
l'usure une illusion
je descends dans cet univers profond

la lune passera au-dessus du trou béant
sur la pente verticale   le risque s'allonge
tout est désert   comme l'ombre   comme la terre
comme le plomb martelé
tes yeux bleus interdits   rageurs
je descends près de la mer
cet endroit des semailles
des cadavres ensevelis
des fleurs bleus   du silence divin
une étendue lumineuse
je suis dans le temps qui commence
je me défais de ce rire
du velouté de ta bouche   de ta fuite encore
l'immense blancheur du brouillard
le désert tout près l'odeur de la poudre
l'idée de voyager me vient
images du vent   d'étranges fantômes
les noctambules circulent la nuit
le poids de leur amour est troublant
les passages emmurés m'affolent
j'efface l'univers avec la main

-*L'Eau brisée*, 1992

TOMBER ENCORE

je t'ai demandé
de décrire les nuages
l'obstacle se meut
sous l'ombre des tilleuls
et parfois dans le regard
l'incertitude s'inscrit
devient ouragan
ou d'une couleur glauque
j'ai pensé aux pays lointains
aux circonstances qui entourent
les départs
aux émotions gratuites

à Venise la nuit
à ton dos
sous les couvertures
aux foisons de lumières
de San Francisco
chaque jour ton sourire
tourne comme un éventail
je reste là
tel un astronaute
manoeuvrant dans le vide
une décharge immédiate
et la vision
d'une étincelante beauté
ton image aussi
quand je tombe
quand dans l'abandon
s'ouvrent les vannes
de mes résistances

-Dans l'ombre des images, 1996

Léonard Forest

SAISONS ANTÉRIEURES

I

mes oiseaux de mer m'inscrivent en cercles immenses
 par-dessus les quais de mes étés réunis.
mon temps s'étire. j'arpente les plages de mes
 rêves antérieurs. je dors.
mes solitudes sillonnent les eaux lointaines, me
 reviendront pleines.
mes été s'enflent au soleil, se font et se défont
 comme marée féconde,
mes jours absents fleurissent noms de femmes,
je les appelle aux noces permanentes et calmes

du temps reconcilié.
mes barques aussi sont nommées. j'égrène, rassuré,
leurs doubles prénoms. je n'en ai point oublié.
mes oiseaux de mer inscrivent très lentes les courbes
de mes immenses et lumineuses langueurs.

II

nous n'irons pas en ville. l'automne
viendra sans nous étonner.
nos barques ramèneront un jour les vents
du large, et nous les connaissons.
les âmes de nos morts ne cesseront
la nuit de siffler à nos fenêtres,
nous les nommerons, nous dirons ensemble
les chapelets de leurs noms
innombrables, les inviterons parmi
la famille quotidienne,
ils se tairont. et nous nous bercerons dans
l'immobile et vaste cuisine
de nos appartenances.
tous nos temps gémiront. la pluie
giclera nos deuils insoumis. l'envers
du temps nous appellera comme appellent
bateaux de feu.
nous irons face au vent jusqu'au dernier bout
du quai. nous y resterons.
nous n'avons pour abri que l'abri de nos
morts. l'automne passera
sans nous blesser.
nous n'irons pas en ville.

III

j'ai des hivers qui bercent comme
bateaux mouillés.
je ne dis rien. une femme chante au
jour le jour la haute mer de sa
plénitude.
mes voix sont lentes et lointaines,
mes passés vivent sous même toit.

j'écoute une rumeur fraternelle où l'enfant
de mes enfants joue les jeux des plus
anciens souvenirs.
mes attentes sont chansons d'hier. ma
nostalgie tisse les espaces blancs
de l'espoir.
hiver. mes bateaux sont immobiles. l'hiver
fige tout voyage. l'hiver étreint.
l'hiver est tout entier ce que nous sommes.
l'hiver est joie blanche. l'hiver est
goéland posé parmi ses vols,
l'hiver est parmi nous comme fête prévue.
nous nous écoutons. mes rêves s'installent au
chaud de l'hiver comme bateau dans l'eau.
mes hivers me possèdent et m'annoncent.
j'écoute.

IV

n'était-ce pas chaque fois samedi d'avant pâques :
la glace craquait dans la baie.
n'etait-ce pas aux trois heures du vendredi
de jésus-christ
qu'une molle tristesse allumait nos émois
complices.
n'était-ce pas toujours le jour de l'éclatant
dimanche,
à l'heure des vêpres blanches,
qu'une sève neuve sonnait la fête dans
l'arrière-pays,
quai terrestre de nos patries maritimes.
n'est-ce pas du fond de nos plus dolentes
mémoires,
n'est-ce pas du fond de nos éternels départs,
n'est-ce pas du fond de nos deuils, du fond de
nos errances, du fond de nos peines patrimoine,
n'est-ce pas du fond d'un destin nostalgique
et fraternel
que naîtra notre été.

POUR UNE AMÉRIQUE ENGLOUTIE

I

nos amours sont enfin fraternelles.
ta main émue guide les pas d'une fille
de Chicago,
ton oeil célèbre libération.
ton sourire féconde l'inévitable
delta des joies noires,
ta chanson t'attend.
ta joie multigrave se tait et se
tait, comme disque distrait.
nous avons à Chicago un frère qui
pleure,
nous l'aimons,
son été s'annonce long.

nos amours ne se diront point avouables,
nous sommes apparentés.
nous savons l'un et l'autre nos
angoisses continentales,
nous ne sommes point légers.

nous avons des silences coupables
et lent,
comme sieste africaine,
qui disent non aux blanches justices
d'un jour inavoué.
nous avons, devant nous, tout le temps
des hommes.
nous attendons.
nous avons devant nous tant d'amour
à donner,
qu'il faut enfin se quitter
pour ne point aujourd'hui se consumer.

II

je sais une maison dans une maison
dans une ville absente,

je sais une chambre dans une chambre : y rôdent
parfois les grandes orgues séculaires,
je sais une fille dans une chanson que
chante un homme d'aujourd'hui,
je sais une femme dans une femme : j'y
habiterais comme on habite pays chaud.

j'habite une rose rouge, je m'installe au
seuil des violoncelles,
j'écoute musique dans musique, neuve et
ancienne; je chante.
je sais une femme spacieuse et ensoleillée,
elle rit, elle annonce des mondes inappris
et amoureux.

je sais une joie dans une joie dans une
femme que je connais,
je sais un lieu antérieur et beau : nos demains
y triomphent,
je sais une femme dans une femme dans une
maison dont l'oeil est bleu.

je sais désormais une ville dans une ville
à jamais inabsente.

III

nos absences ne sont point exil,
nous n'avons que des promenades dominicales
et lointaines,
les rues du Souvenir y croisent les
ruelles de l'Odéon,
nos rêves gréco-romains s'inspirent des
misères démolies de Saint-Henri,
tous les clochers étouffés de Montréal nous
appellent aujourd'hui vers des provinces
anciennes.

nos silences ne sont point mépris,
nous n'avons que des discours intérieurs
et lents,

nos amis ne sont point ailleurs, ni
anonymes,
nous disons des noms : leurs oeuvres
chantent en nous,
les amis de nos amis sont les nôtres et
nous appellent aujourd'hui vers nos
saisons pleines.

nos exigences ne sont point pitié,
nous n'avons d'oreille que pour les
poèmes ardus et vrais,
les révoltes amoureuses y valent tous
les cris du crâne,
nos programmes ne sont point politiques,
notre amour est intact,
tous les poètes du monde nous appellent
aujourd'hui vers nous-mêmes.

nos patiences ne sont point vendues,
nous n'avons que des heures longues et
fécondes,
nos audaces calmes éteignent les feux
inutiles,
nos joies qui flambent n'annoncent par-
tout que feux de joie,
nos amours s'écoutent et se disent, et
n'appellent aujourd'hui qu'une
tendresse très humaine.

IV

j'ai planté partout mes jardins d'absence.
il y pousse parfois des fleurs inattendues,
blanches surtout,
tiges longues.
je ne sais qui les a cueillies.

j'ai planté partout mes jardins de liberté.
il y pousse parfois des fleurs menacées,
blanches surtout,

fleurs d'humanité.
je ne sais où les aller pleurer.

j'ai semé partout mes jardins d'avenir.
il y pousse parfois des fleures inespérées,
blanches surtout,
fleurs d'amour,
à leur coupe, je ne sais qui boira.

j'ai planté partout mes jardins de joie.
il y pousse parfois des audaces nues,
blanches surtout,
fleurs d'été.
quand tu viendras, j'y dormirai.

Saisons antérieures, 1973

LE POMMIER D'AOÛT

faut-il sonner tout fort les flux et
    reflux de nos colères,
et qui sont-ils qui écoutent si mal
    notre silence?
faut-il nous tirer de force de l'amicale
    absence
où nous vivons en nous-mêmes, parmi
    tous nos pères?
faut-il s'arrêter de ne point porter ailleurs
l'agonie séculaire d'une mer qui est là?

ne m'appelle pas dispersion;
ma souvenance est immense et haute,
j'aime de partout m'inonder du rêve lent
    d'une Acadie à redire,
me perdre au ras du chant de l'alouette,
    dormir
dessus les marais salins de ma verte mémoire.

laisse mon exil à ses auteurs
et prie dieu de ne point châtier leur
   insouvenir.
j'aime compter mes voyagements comme
   long chapelet de retour,
j'aime chaque fois remonter d'ailleurs vers
   le jardin figé
où j'appris mon nom et celui d'un pays déjà
   nommé, à l'aube des amérique en dérive.

ne répète pas mes adresses;
j'y suis souvent très inconnu.
ma route est bordée de saules et mène
   sans presse au village voisin,
pareil à celui de mon père, et peuplé de
   cousins qui chaque fois m'attendent
à l'heure où le temps s'écoute en ses appartenances.

ne me dit point passant;
j'habite partout mon patrimoine.
par derrière chez mon père y avait des
   pommiers d'août,
des étangs, du mil, douze vaches de
   normandie,
une baie parfois sauvage, une perdriole et son
   nid, et tous les canards du roi.

répète la chanson qui voici;
elle est tout près d'une Acadie
qui m'a longtemps bercé parmi les prés
   d'une fête à répondre.
elle est douce et lente, et ne heurte qu'à
   peine la peine que j'ai
d'un pays perdu dedans mes recommencements.

-*Comme en Florence*, 1979

Melvin Gallant

MYKONOS...

Mykonos
petit stade blanc en gradins
au fond d'une baie
à l'orée d'une île rocheuse
toute entière soumise
à la domination d'Apollon
dieu du soleil
Mykonos
cité blanche
témoin de notre bonheur
tes multiples ruelles
qui tournent, s'entrecroisent, se prolongent
et finissent nulle part
véritable labyrinthe
où l'on se perd dans le dédale
des maisons et des églises
aux multiples escaliers et balcons
qui sont autant de bouches et d'oreilles
qui cherchent à dire et à entendre
les battements du coeur du monde

PAISIBLES...

paisibles
les vieilles Mykoniates sont assises
respirant la douceur de la nuit
leurs salutations sont affectueuses et loquaces
on a toujours quelque chose à se dire
les enfants qui grandissent
la vie qui s'en va
le monde qui change
les personnes que l'on a connues
que l'on a aimées

et qui sont parties
à tout jamais

de temps en temps on quitte son banc
pour entrer dans une église
allumer quelques cierges
ou encenser les lieux

l'ombre se découpe toujours
sur la blancheur des murs
même tard dans la nuit
sous l'oeil amusé de la lune
et les petites ruelles semblent ouvrir leurs bras
à la lumière comme aux passants

étranger dans cet univers
tu m'as accueilli
pour me donner le pain et le vin
et me faire partager
la lumière et l'amour
de ton peuple

-*L'été insulaire*, 1982

Ronald Després

CINÉMATO

L'écran de nos rêves...
Perspective rivée à un mur sans fin
Mince comme un drap ondoyant dans la brise
Et riche de baisers et riche de caresses...
Terre promise érigée sur son flanc
Moïse, sa baguette, le rocher et la source
Que le roc détenait en ses mamelles de cuivre
Jaillit boueuse, puis limpide cristal
Désaltère la faim de manne rassasiée

Et la faim du bonheur, et la soif de l'amour
Et l'ennui des ardeurs assouvies dans la honte.

L'écran de nos rêves...
Ignoble projecteur qui ronge nos cheveux
Auréole brisée, réduite en ligne blanche
Comme une aube reposant sur nos têtes passives
Le spectacle, morne spectacle
De cette source qui gicle et abreuve les Hébreux
Alors que nous souffrons, pétris par le soleil
Joués par ce mirage qu'est la vie - et la mer
Bannis par cette faim qui brûle notre gorge
Par ce sable sans mur, ces désirs sans bornes,
Par ce désert conçu sans parfum et sans songe.

L'écran de nos rêves...
Et la toile réceptrice de nos ombres les plus chères
Frappée dans ta surface par le câble de lumière
Qui traverse et ligote la salle haletante
Comme une dalle soutirée au parquet du passé
Raconte les souliers qui l'ont piétinée
Et sa vie de vestale, et les nuits de tourmente,
Et l'écume de sa bouche et les crachats du roi
Et l'image qui sombre et la vie qui prend fin.
Et nos pas dans la neige, dans la pluie, dans les vents,
Qu'accompagnent les ombres, les néants et les jours,
De l'écran de nos rêves.

Silences à nourir de sang, 1958

GUET-APENS DE LUMIÈRE

Front de tempête, mains d'orage
Tu te diluais dans mes songes
Comme une voie lactée lointaine et gémissante
Et je chérissais dans tes yeux
Les remous de verte apocalypse.

Tu n'avais qu'à étendre le bras
Pour incendier la rue sous les réverbères
Faire gicler la ville sous le vent
Et la réminiscence des comètes de joie
Dans mes jours creusés au socle de tes paumes.

Quand je me penchais sur toi
Avec du sommeil plein la bouche
Ton visage se transformait
En guet-apens de lumière.

Et déjà je savais
Que nos flambeaux allaient se toucher comme des coupes.

À FORCE DE MYSTÈRE

Nous irons sur une mer non-pareillement belle
Et bleue comme des lèvres de mort.

À force de mystère
Nous ferons coaguler des archipels de sang
Gicler des satellites d'embrum autour de nos bras d'ivoire
Et verser de grands soleils dans le virage de la peur.

Pourquoi les paysages imbriqués dans l'azur
Nous regardent-ils sombrer en ces replis de pierre?
Pourquoi les sapins somptueux de givre
Empruntent-ils la route de nos paumes sèches?

Le lent firmament sera-t-il parvenu
À la mesure de nos ivresses salines
Quand nous aurons troqué nos âmes pour des méduses?

Et quelle main arrachera les ondines de nos flancs
Et quel cri veillera sur nos sillages fumants
Lorsque nous serons loin...

Lorsque nous giserons
Là où le lointain se calcule en profondeur.

L'AMÉRIQUE AU CHEVET DES CAUCHEMARS

Ici, les yeux de l'espace ne sont fanés avec l'ardeur des miroirs. Ici, le coeur solennel n'en finit pas de rompre ses lumières.

Caravane irréductible, les flots déboisés du rêve sont venus se blottir à la falaise de nos mains. Ils ont tout prévu, tout rangé. Ils ont mis la terre noire et leur regard de plénitude entre nos corps exténués par la fibre des grèves. Quand ils sont repartis, les saisons jouaient dans nos doigts, et nos mains les suivaient, filles de ce morne empire cirstallisé dans l'aube.

À vol de jour s'évasaient les spirales d'étoiles frêles, mais nous avions conçu une source pour les broyer sans fin.

Nous laissions mourir le chant de notre offrande et les croissants d'ombre gonfler sur nos visages les derniers soubresauts de l'enfance.

Quand nos mains se sont étreintes, pâles, si pâles qu'elles se confondaient avec le matin, un feu inconnu masquait la soif des arbres.

Nous criions au miracle, mais nos mains étaient vides. Elles ne savaient plus absorber l'extase.

Et elles allaient, se tenant à l'affût de l'espoir.

Prêtes à sombrer avec lui.

Les Cloisons en vertige, 1962.

JE SUIS DESCENDU POUR TOI

Je suis descendu pour toi aux enfers des rythmes saccadés
Raison et logique sont des roses fanées
Je ne danse plus les tangos oubliés
Je rampe sur les ondes de mes rêves repliés.

Tambours, saxophones, orgues crissantes
Cynbales en débâcle de sons
Me sucent le sang au compte-goutte des syncopes
Et je n'ai même plus
Le sérum de tes yeux dans ma gorge.

Je traîne mes boulets de désespoir
De néon en néon, de crinoline en crinoline
Cherchant à travers les herbes des blues
Le reptile parfait auquel j'aspire :

Ton corps -

Oubilant qu'il gît
Comme un cadavre en eau limpide.

LES MAINS

Celles qui s'ouvrent comme des palmes
Celle qui se dérobe au fond des poches
Celle dont on ne voit que l'index qui dénonce
Ou les jointures du poing refermé sur le cri.

Celles qui s'étalent comme des mares
Pour refléter le soleil dans le miroir des cils.

Celles qui cheminent sur des doigts de métal
De la rouille des cassettes à la rouille du tombeau.

Celles qui dressent des monuments de gestes solennels
Sur un socle plus large que le monde
Et plus chaud que le coeur.

Celles qui ont substitué à l'horizon
Leurs lignes tourmentées
Et dont les os constituent les barreaux
De leurs propres geôles.

Celles de l'adieu
Confondues aux cordages et aux ports blafards
Celles aux petits mouchoirs de soie
S'enfonçant dans le sable mouvant de la mémoire.

Les mains rugueuses de l'ouvrier
Celles du vieillard, pourtant ravinées d'espoir
Celles de la femme qui invente des fronts d'enfant
Pour s'y poser gentiment.

Celles qui quêtent la joie sèche des trottoirs
Celles qui pétrissent un creux dans l'oreiller
Et qui agitent et qui se tordent et qui se déchirent
Faïences abandonnées sur l'étal du bonheur.

Les mains osseuses de la faim
Les mains terreuses de la guerre
Les mains étincelantes du bal
Les mains gluantes de la ville.

Et celles du poète
Qui, tous les soirs, libèrent de nouvelles étoiles
Et ouvrent tout grands les volets du songe.

Pour qu'un jour
Toutes les mains
Affranchies de leurs mirages de chair
S'envolent comme l'oiseau
Dans une parfaite ferveur de paumes enfin unies.

Le Balcon des dieux inachevés, 1968

NUIT DE LA POÉSIE ACADIENNE

Un pays d'emprunt
Accroché au cintre de la mémoire
Beau manteau d'apparat
Et qui s'effiloche de l'intérieur
Dans l'ultime trahison
Des manches muettes
Et des épaules ployées.

Un pays transi et frileux
Comme un hôtel de brume
Qu'on aime et qu'on évoque
À grands gestes de grève
Et de héros engloutis.

Un pays qui est à nous sans l'être
Fait de visages timides
De sourires inavoués
Et d'impossibles retours.

Un pays comme une maîtresse partagée
À même la couche du plus fort
À même la fourberie réinventée
Et ce goût de miel au réveil.

Et tout à coup
Un pays dévoré
Par un feu longtemps contenu
De guitares qui chantent
De poèmes qui lèchent le coeur
De coudes serrés dans la pénombre du songe.

Un pays au galbe chaud
Un pays au manteau de brume
Rompu comme des os
Trop longtemps cravachés.

Tout à coup
Un pays nu sans frisson
Un pays de prunelles fières
Et de poings tendus
Vers la lumière.

Tu es, mon Acadie
- Et sans douleur, cette fois -
Pays de partance.

-*Paysages en contrebande...à la frontière du songe*, 1974

Lorraine Diotte

CUL-DE-SAC

J'ai marché jusqu'à vous
Pour vous dire
De ne point vous presser.
Ralentissez le pas,

Plus personne ne vous attend,
La terre est vendue,
La famille est dispersée,
Le puits est asséché,
La barrière est fermée.
J'ai marché jusqu'à vous
Pour vous dire
De ne point vous presser,
Plus personne ne vous attend!

IN LIMINE

Sur le seuil de ma porte,
J'ai souri
À l'Étoile du Matin,
Au lys de la vallée,
À la première hirondelle;
Aux feuilles mortes.

Sur le seuil de ma porte,
J'ai cueilli
Le vent froid du nord;
Des étincelles de neige;
Un croissant de lune;
Le cri du coyote.

Sur le seuil de ma porte,
J'ai mûri,
En ramassant mes souvenirs,
Le soleil, lentement, a reculé,
Debout, face au jour qui meurt,
J'ai franchi en souriant,
Le seuil de ma porte.

–*Bout-ci bout-là*, 1981

Guy Jean

MON TROP BEL AMOUR

J'ai couché avec toi
sur les sables chauds
de Miscou
qui excitent nos reins
et donnent courage
aux fantaisies jamais osées
de nos hiers

Je t'aime

Mais ne saurais dormir
dans la verdeur de tes caresses
trop douces pour l'hiver

Ne saurais m'épuiser
aux vents contraires
trop proches des côtes

Je quitte

Et boirai désormais
le doussin
pour secouer mes vieillesses

AMARRES

I

J'ai encore collés à la peau
les avant-hiers
dont les peurs me ratrappent
dans l'amour
et la parole

C'est à s'écoeurer du temps

II

Angoisse affolée
qui bat des poings
contre les portes closes
de mon intérieur

III

Ma peur s'est enfuie
à grandes enjambées
j'ai tiré dessus
deux, trois coups
je ne sais plus

elle est morte
et gît à jamais
à l'intérieur de moi

IV

Les poignets encore tout rouges et cuisants
des amarres
que j'avais enfin coupées
je piquai vers le large

lorsque tout à coup
j'entendis en moi
se refermer
la lourde porte des passés

–*Paroles d'Acadie et d'après*, 1982

Robert Pichette

MISCOU

Et in Arcadia ego.

Où sont passés les hérons bleus que j'aimais tant,
figés sur leurs échasses, près des roseaux bruissants
dans l'eau plate des marais, à deux pas de la mer
large, étale et indifférente?

Allons! il faut partir.

Le sable déjà n'est plus chaud sur les plages esseulées
où tes pas faisaient crisser le varech qui violace.

Allons! il faut partir.

L'illusion est finie. Voici un été qui n'est pas le nôtre
et une plage désolée qui me refuse le souvenir de nos
amours. Je ne retrouve plus les bigorneaux, ni le vieux
panier oublié, ni la bouteille sans message venue on ne
sait d'où, échouée par hasard à Miscou la belle, la tranquille,
la placide, complice de notre amour.

Allons! il faut partir.

La vieille couverture bigarée ne retient plus ta trace et
la marée sans pitié, avec sa régulière monotonie, recouvre
depuis longtemps le souvenir de notre joie. Le phare témoin
de notre béatitude devient menaçant, et ces goélands curieux,
mais prudents, ne sont plus nos amis.

Adieu Miscou! Salut mon âme!

TRANSMUTATION

Le bonheur d'un homme amoureux
est extrême, parce qu'il est fondé sur
une réalité placée dans le domaine de
l'imagination.

Talleyrand

Où irons nous, mon amour, cacher notre beauté?
Trop beaux d'amour
Nous ne saurions au monde montrer nos visages
radieux, transformés, éperdus de soleil
beaux comme des astres éclairant des ténèbres
dont on n'a plus souvenance.

Allons briller seuls derrière ces arbres
filigranés d'or feuillés de lourds diamants.
Nous sommes ici des dieux éblouissants
créateurs ébahis de leur univers.

Aimons, aimons, aimons,
pendant que durent ces éphémères amours
dont le couchant n'est jamais loin du levant.

-*Chimères*, 1982

AU FIL DU TEMPS

Le pays des chimères est en ce monde le seul
digne d'être habité.

-Jean-Jacques Rousseau

Lourds chalands
du temps qui passe
sans jamais revenir
que cachez-vous dans vos cales?
Sont-ce des rêves
déjà anciens
ou bien des fleurs
pour les nouveaux?

Glissez sur l'eau plate
trop lourds chalands
des journées grises.

- *Bellérophon*, 1987

Gérard Étienne

IL NEIGE DEHORS...

Il neige dehors. Des haïtiens esclaves, enchaînés en République dominicaine, rentrent dans ma chambre. Ils ont dans leurs vareuses des dizaines de squelettes. Des réfugiés haïtiens rentrent aussi dans mes pleurs. Ils ont des dents cassées, des bras coupés; ils portent leurs tripes dans les cheveux. Du haut du plafond s'élèvent leurs complaintes et leur sueur puante reflue vers l'impuissance grandissante de mon portrait.

De cette colonne de chairs mortes qui envahissent ma chambre se détache une vieille négresse. Le jour se rétrécit dans mes yeux au fur et à mesure que les dragons du Chef plongent leurs poignards dans la poitrine de Jacques-Stephen Alexis le Révolutionnaire. Elle refuse de livrer son système, ce ventre famélique où s'étirent les chenilles avides de sang.

Un ancien secoueur de la rosée me prend à témoin. Il danse autour d'un cercueil; il casse des sons comme si sa voix rouée de fourmis et de guêpes allait faire tomber les madriers de la maison. Alors je vomis encore une fois mon impuissance. Esclaves et réfugiés me renvoient à mes laideurs de nègre intellectuel, à tous les principes qui font de moi un magicien du verbe pris au piège des mots.

mais je hurle
mais je souffre
et la misère
et le crime
car ça vous fait péter la cervelle
l'amour aussi
l'illusion de croire

qu'on sert à quelque chose de ce côté du monde
car ça vous fait marcher dans la honte
tous ces mots
pour les jardins de roses de la fille du roi
tous ces mots
pour les esprits vaudous du président

Donc il neige dehors
ils sont dans ma chambre
des monstres que des hommes ont créés
Et des monstres
ont dévoré ma race mon portrait
Ils ont déchiré mon âme
qui marchait à côté d'une pauvresse
Ils ont englouti les matins
non une histoire à rebours
et ils ont frappé à la porte de ma chambre
jusqu'à ce que tombe le rideau
sur la comédie des monstres

Il neige dehors
Tu sais bien Dominique
que le rêve du grand soir a germé
que notre lanterne dans les rues
les pouilleux des quartiers pouilleux
les mille-pattes porteurs d'antennes
ont coupé le courant qui nourrit le pouvoir

Tu sais bien que ce canot-là ne partira pas
Ceux qui devaient partir sont restés
un boucan à la main
pour saluer la prophétie du poète

Il neige
Une nouvelle crampe à l'estomac
me fait serrer les dents
ma cage me révolte
cette nièce qui vient de débarquer à Moncton
les os sur la peau

rien pour rattraper la réalité
diluée dans les contradictions de l'esprit
et dans ces puits de morts
où viennent renaître les Saints du Général

Il neige dehors
Ma cage se referme
lourde et sans remords.

-*Cri pour ne pas crever de honte*, 1982

UN POÈME EST TOMBÉ DE MON COEUR

J'écris un poème
qui n'a pas les gammes d'une chanson courtoise
ou l'accent d'une symphonie en noir et blanc
non
mais un poème aux sourires de sirène
qui s'approprient les plages du monde

Un poème
aux antennes aussi longues que la mer
un poème
j'écris
crois-moi
qui chante des airs funèbres
dans l'histoire d'un peuple à genoux

Ce poème
Je le veux berçant au rythme de la vie
Je le veux pour l'harmonie des voix discordantes
pour tes regards plantés dans mon agonie
les enfants aux cheveux rougis par la faim
pour des courants d'air non sympathiques
ou des ouragans inattendus

Ce poème vois-tu
Je te l'offre contre un dixième de tes sourires
ne t'en va pas comme la mélodie de cette guitare

ne t'en va pas
si tu t'en vas
Oh! alors tomberont les fleurs de mon coeur

Ce poème est à toi ma poésie sensible
Prends-le
et que les sanglots qui agonisent ta voix
soient l'espoir qui secoue le monde

-*La Charte des crépuscules*, 1993

Calixte Duguay

IL Y A TOUTES CES CLOCHES

Il y a toutes ces cloches
Qui sonnent au beffroi d'un temps nouveau
Funérailles de pantins qu'on ensevelit
Dans la joie
Épousailles de la vraie terre marine
Et de l'Homme d'ici

De la Nepisiguit pimpante de bleu
À la brune Petitcodiac
En passant par la verte échancrure
D'une Restigouche encore à naître
Plus tard peut-être...
Le temps nous harcèle
En jets de lumière et d'avenir

Retrouvailles d'un ami
Qu'on avait cru mort à jamais
Parce qu'enfoui dans la solitude
De neiges envahissantes

Un vent d'espoir souffle sur nos têtes
Étourdissante poudrerie
Qui fait rêver à l'été tout proche
Plus tard peut-être...
Sans doute...
Quelque chose me dit...

Il y a toutes ces cloches

Et j'entends à gauche
La symphonie naissante
D'un peuple écrasé
Qui renoue avec de vieilles alliances
Et dont l'épiphanie nous ressemble
Et nous rassemble

Musique d'un vent du large
Autant que musique de l'envers de nous
Concerto d'un pays que l'on réinvente
En une alchimique électronie
Musique qui se fera bataillon
De hallebardes venues d'en bas
Pour remettre à l'ordre
Du jour
Ceux qui n'ont pas joué avec sincérité
Ou qui ont joué avec la sincérité

Musique
Musique
Musique

J'aurais dit ça aux sapins de mon île
L'autre jour
Ils en auraient pouffé
Et toute l'île avec eux
Serait partie d'un éclat de rire
Vaste
Comme la mer qui portait nos bateaux
Loin loin loin
Et plus loin plus loin encore
Nos rêves avortés

La déchirure définitive
Au flanc des vieilles combines
L'accouchement dans la douleur
J'en suis
L'amour
Au soleil réconcilié avec nos plages
J'en suis
Le réallumage de nos phares
Le branchement de nos tables d'écoute
Aussi

Mais tout ça en fin de compte
SANS FAUTE
Pour s'asseoir à la table
De notre dignité reconquise

Les stigmates du silence, 1975

Paul Germain

ROBINSON I

Dans le sable et les galets
À peine sortis des froidures du grand fleuve

Je me nois exalté
Sur cette échouerie déserte
Où je courais tantôt comme un fou
Avec la verge qui claquait sur mes cuisses en délire

Sur cette île sanctuaire de plus d'un millier d'années
Ici même des races de pêcheurs
Mêlaient leurs prières à l'huile de baleine
Sur des autels maintenant dévorés par la mousse et l'oubli

Disparus les âpres baleiniers
Ruiné le socle d'une charrue téméraire
L'île rebelle se voudrait vierge
On l'a reconnue sauvage
On l'a consacrée aux oiseaux de terre et de mer
Les condamnant à se multiplier sans cesse
Pour l'unique fin de n'en pas avoir

Mais ici
Après tant de luttes contre l'instinct et la mort
Ici entre ciel et terre
Et cette mer tout autour de cette grève aride
Exactement là

Je pousse ce cri d'amour qui me vient de trop loin
Et m'arrrache les reins

- *À corps et à cris*, 1980

Raymond Guy LeBlanc

PETITCODIAC

I

Brune vague pulsion à deux mouvements
Tu te retournes des mers et leur bleuâtre horizon
Tu charries la boue comme autant de villages
        brisés
        au croisement des villes anglaises

Hésitante volée à l'aide des goélands
Tu roules en toi-même un cri déraciné
Et Beauséjour forteresse ouvre ses murailles à ton sang
S'éclipsant
Sous le drapeau du Saint-Jean Britannique

Ton langage se dédouble
Aux poteaux unilingues
Et Mascaret s'achemine
Du silence maquillage

Tu te cherches aux rivages étrangers
Et les rochers te renvoient au mutisme des collines

Devant toi se dresse
L'ACIER MIROITANT
SENTINELLE D'IRVING
et Moncton divisé métalliquement

Les clochers de Memramcook découpent leur chimère
Dans la fumée du C.N.R.
Qui étouffe de ses eaux tes chemins de fer
MONOTONIES parallèles et unilatérales

II

Inconsciente vague tu me cherches un nom
Qui se perd dans un cerveau à deux lobes
Une rue sillonne un réseau vers le sud
Une direction s'interroge au carrefour de l'est

Je suis à ton image une blessure
Par où des images s'illusionnent à naître

Tout un peuple se désacadise au béton Albion
S'élite en boue chavirée
Et nous cordageons nos myopes écritures
Aux chalutiers fantomatiques

Nos forêts s'anglicisent d'agriculturomancies
Exploitées par les planifications de la mer loyaliste
Nous nous usinisons en son rouage à sens unique
Signe d'ossements dans la nuit

Nous éjaculons le séminal déhanchement
du sexe neutralisé
entre nos jambes émasculées

Ici
J'exprime mon refus

III

Vagueroche
Je cristalise le créatif mot pur
Pour rupturifier le langage prisonbarin
Pour codifier la peauneauve
Déballée à l'oeil persiflant
Le mondimaginatif du noustemps futurimesse

Je refuse
D'ombicaliser le bâtard enfantement
du pénisinstrument

JE REFUSE
Le lit rougifié
D'une sexualtomiorgie
Au viol dévirifrigidant machinique

Je ne veux plus m'enfarger dans le viscéral englutinement
Qui s'ossifie d'Ave Maris Stella
Sur l'échiquier truqué de l'anglophonie

Et s'il n'y a de vivement racinique
Qu'au St-Laurent nordinisant
Je me québecquiserai

MAIS

Jusqu'à l'épuisement intermédiaire
Du balancement tomborisendre
Je choisis de tranchifier l'écorce tricolore
Et l'accouplement britannicisant
Du sidurgique propagandiste

C'est à NOUS la collectivigresse
De vulcaniser au feu systématique
Le douceureux cérémonial du liturgique cardinalomanieux

C'est à NOUS l'étudiantalprofessoros
De crachifier la mairie Johnastique
Par la démastication décisive
Du ruminage bon-ententiste

C'est à NOUS la pêcheuragriviente
De hachissifier les arbivorastres feuillages
Pour que les panaches orgastiques dégringolossent

IV

LEVATE SPIRIMER POPULO

L'heure du révolutionnement
Se cristalictise
Ö champ purifigamiste
é l'xcommunisiration indexique
deuh l'exploytérinoscéros

De ta maniloque empoigne la banniérine ventorlopante
Et câblifie la foulante marchepéripatte
SORS de ta cavernomanie imbruiteuse
Et ORAGICROME ton langarithme
Pour tous les cervaulites anglophilisés

Le jour soléisiphiant se pontifie au magique envoutomatos
Et déjà le Petitcodiac s'enhorizonize
Du revirementaliste adamiton francidivinisant risquement
La crichaude naissance de l'énergiflixe propopulonisme

L'heure d'icidui
A nousensemblé
Le chaviremonument
Décrassifiant

Ai neaux pa raisonnyfi
Sur le pavérinthe

LA
VICTORICITENTE
DÉFERLEMENTATION
de
la
MOUVAGUE

TOI

Tu es mon Pré-d'en-Haut ma colline vivante
Mon île Miscou mon chemin de terre
Ma maison de bûcheron mon sable de Shédiac
Mon nord et mon sud et l'est de ma géographie
Ma gigue et mon rock mon folklore ma chanson
Tout ce qui me rend à moi-même
A mes cours d'eau antérieurs
Et l'histoire d'être ici retrouvé
Dans la folie de t'aimer

CRI DE TERRE

J'habite un cri de terre aux racines de feu
Enfouies sous les rochers des solitudes

J'ai creusé lentement les varechs terribles
D'une amère saison de pluie
Comme au coeur du crabe la soif d'étreindre

Navire fantôme je suis remonté à la surface des fleuves
Vers la plénitude des marées humaines
Et j'ai lancé la foule aux paroles d'avenir

Demain
Nous vivrons les secrètes planètes
D'une lente colère à la verticale sagesse des rêves

J'habite un cri de terre en amont des espérances
Larguées sur toutes les lèvres
Déjà mouillées aux soleils des chalutiers incandescents

Et toute parole abolit le dur mensonge
Des cavernes honteuses de notre silence

JE SUIS ACADIEN

Je jure en anglais tous mes goddams de bâtard
Et souvent les fuck it me remontent à la gorge
Avec des Jesus Christ projetés contre le windshield
Saignant medium-rare

Si au moins j'avais quelques tabernacles à douze étages
Et des hosties toastées
Je saurais que je suis québécois
Et que je sais me moquer des cathédrales de la peur
Je suis acadien je me contente d'imiter le parvenu
Avec son Chrysler shiné et sa photo dans les journaux

Combien de jours me faudra-t-il encore
Avant que c'te guy icitte me run over
Quand je cross la street pour me crosser dans la chambre
Et qu'on m'enterre enfin dans un cimetière
Comme tous les autres
Au chant de «Tu retourneras en poussière»
Et puis Marde
Qui dit que l'on ne l'est pas déjà

Je suis acadien
Ce qui signifie
Multiplié fourré dispersé acheté aliéné vendu révolté
Homme déchiré vers l'avenir

Cri de terre, 1972

NAISSANCE

Je suis un aquarium mobile
Rempli de poissons colorés
Des anges à bandes bleues
Des bouffons rouges
Un mérou à pois bruns
Une rascasse volante
Un chirurgien jaune
Quelques sucets siamois
Plusieurs poissons-lunes de Seba
Un protoptère soignant ses poumons
Ici et là des barbottes des truites
Des poissons-chats tigrés des diables rouges
L'anguille électrique allumant des hippocampes roses
Une énorme murène verte à côté d'une demoiselle réticulée
Et même un dragon d'eau d'Indochine et des crocodiles

Je suis un aquarium mobile
Rempli de poissons colorés
Et la fragile fenêtre qui me sépare de vous
Retient mon désir de retourner à l'océan
La mère de ma première naissance

SOUTERRAINS
(20 ans de poésie)

Poésie TERMITE sage dans la cave des collèges
Avec des petites dents pour ronger les poutres des cathédrales

Poésie CHAUVE-SOURIS au radar sûr
Se frayant un chemin dans les débris
Les ailes noires déployées des anges

Poésie SANGSUE la bouche collée aux fenêtres
Comme pour téter les mamelles d'une rosace calcinée

Poésie PORC-ÉPIC à peine sorti du bois
Aux piquants inutiles contre l'aveugle sauvagerie du monde

Poésie CHEVREUIL figé
Et le métal qui déchire jusqu'au coeur du silence

Poésie HIBOU témoin nocturne
Aux vigilances sténographiques

Poésie CAMÉLÉON
Guérilla camouflée dans la crête multicolore des images dorsales

(poésie oiseau-mouche
au parfum de lilas et de miel
le bourdonnement invisible
de la tendresse)

Poésie TAUPE
creusant ses galeries souterraines
Visionnaire travailleuse qui connaît depuis longtemps
L'ébranlement du sol
et
L'humeur des saisons

LE CORPS DES VILLES

Figés dans nos petits mondes tels de chauffeurs dans une auto en panne
Nous nous imaginons avoir perdu le sentiment de notre transparence
Sous la multitude d'images vitrées

Il suffit pourtant d'un tendre regard à notre fenêtre
Pour que soudain nos yeux s'ouvrent tout grands
Et le corps au jeu du désir
Dans ce goût fiévreux des retrouvailles
Cette envie de fondre au creux d'une vraie lumière
Loin très loin des tabous contre l'extase

Il suffit de laisser comme une odeur d'orchidée sauvage bleue
Pénéter notre peau cet horizon rouge-terre où nous habitons
D'ouvrir les oreilles à la musique des étoiles
Qui nous rappellent nos oublis et nos peurs de disparaître

Il suffit de savoir que nous sommes tous traversés d'arcs-en-ciel
Et que nous sommes ce grand éclat de rire
Qui secoue le corps des villes

- *Chants d'amour et d'espoir*, 1988

LES MOTS D'EAU

Je me suis assis devant la mer
J'ai pris ma place j'ai choisi d'être là
Sans violence et sans confusion
La mer m'a vu et m'a salué

Je l'ai regardée et je l'ai aimée
Heureux d'être vivant tout simplement
Sans cérémonie et sans drapeaux
La mer s'est approchée pour mieux me reconnaître

Puis je suis sorti la rencontrer
Dans le va-et-vient de notre respiration
Sans retenue et sans pudeur
La mer m'a accueilli dans ses bras

Je me suis perdu dans son corps de sel
Entraîné par les vagues
Sans résistance et sans bataille
La mer m'a touché de sa bonté

J'ai voulu alors écrire un poème sur l'eau
Chaque mot un miroir du soleil
Sans résistance et sans crainte
La mer a porté mon chant jusqu'à l'horizon

Lorsque je l'ai quittée pour la ville
En la remerciant de m'avoir bercé
Sans blessure et sans regret
La mer a lavé toute trace de mon écriture

Ainsi en est-il de nos mots d'eau
Ces images flottant sur l'océan des symboles
Sans papier et sans plume
La mer nous les reprend pour les dissoudre
Dans le vaste espace de son silence

-*La mer en feu*, 1993

Annick Perrot-Bishop

TERRE-NEUVE

Terre
éclaboussée du cri d'un soleil
en couleurs d'océan
de roc
fauve la falaise se brise
craquements de glace
goût frais de neige qui fait trembler
la mémoire ensevelie
se mêle de vent
s'enroule au sel d'une joie
Neuve

(1989)

PUIE NOIRE

Pluie noire glissant
sur les feuilles l'asphalte
brillance de phares
vitres où colle encore
la poussière de l'été
dans sa chambre
Glenn Gould

son front ses mains
d'où fuit une averse de sons

CORDON OMBILICAL

Le cordon s'étire avec les jours
filament si ténu qu'il en devient presque invisible
pourtant il est là
et si je n'y prends garde je risque de trébucher

Avec deux doigts doucement serrés je le suis jusqu'à sa source
en une longue caresse qui glisse à contre-temps
là où somneillent
dans l'antre cuivré
les signes

Et d'où jaillira ma parole imaginée

- *Au bord des yeux la nuit*, 1996

Gérald Leblanc

JE T'ÉCRIRAI UN POÈME SAUVAGE

je t'écrirai un poème sauvage
                    un poème tripes
                    avec le tam-tam en rut
                                                  entre les mots
                    un poème chiac

(1972)

-*L'Extrême frontière*, 1988

J'ÉTAIS WAITER DANS UN ABRI NUCLÉAIRE...

j'étais waiter dans un abri nucléaire, en stand-by pour une autre planète. je voulais t'écrire une lettre d'amour car ma plume enregistrait 6.5 sur l'échelle Richter.

les personnages de Lawrence Ferlinghetti y venaient souvent. Andy Warhol imprimait les menus sur des airs cristallins de Philip Glass. Nina Hagen se teignait les cheveux dans le lavabo pendant que je rinçais les verres radioactifs.

et je rêvais de Moncton, nostalgie d'un passé où j'avais compris que toutes mes mémoires se ranimeraient dans le refoule éternel du Petitcodiac.

- *Géographie de la nuit rouge*, 1984

MOUVANCE

mouvance
toujours plus loin dites-vous
jusqu'au bout du monde
le voyage le déplacement
toujours plus loin
et le bout du monde est bleu
are you going with me

c'est une musique aérienne
sur mon signe de balance
et ce bout du monde est bleu
je m'imagine au volant d'une voiture
à l'harmonica lamenteux des longues routes
où bercent nos corps
alors que la tête va et vient
something like out-of-the-body experiences
sur les routes d'Acadie
sur toutes les routes de l'imaginaire
mouvance
déraciné apatride
sinon pour ce bleu au coeur

qu'on allume autour d'une langue
are you going with me

errance
erre l'ange à la langue
mêlée d'algues
accrochées au continent d'Amérique
errance mnémonique
où j'entends le bruissement de nos mots
lors de nos fuites
qui ressemblent tellement
à ce que France Daigle appellera
le blues international de Juifs
are you going with me

nous allons traverser le bleu
bleu comme la nuit bleue de Paul Klee
bleu comme la pochette *Beat* de King Crimson
bleu comme *Communiqué* de Dire Straits
bleu comme un poème de Roméo Savoie
et quand j'aurai épuisé toutes mes images
il restera le bleu de vos yeux
sur les variations du réel
jusqu'au violet du vouloir mystique
bleu cristal en ligne
sur l'intuition de nos désirs
ce rythme envoûtant
are you going with me

le long de la route j'ajoute un bar
un autre va-et-vient
dans la géométrie des désirs
le long de la route

caravansérail
la lignée avance devient cercle
eternal caravan of reincarnation
le conscience du cercle
à travers laquelle

traverser le temps
dans le bleu du cristal
où je vous aime depuis toujours
même quand je dormais
avant de vous rencontrer
vous imaginant
dans le trafic du midi
dans le matin gris de beaucoup de bouteilles
avant de vous retrouver dans le dix de coeur
sur la route en voyage avec Pat Metheny
are you going with me

au volant de ma machine à écrire
j'arrive au rythme
j'avance avec la radio
onirisme sonore
sur les sentiers de l'extase
j'apprends à nommer ma recherche
l'attente exquise et inquiétante
du premier pas
dans la spirale des mots
et la mémoire du vertige
dans un bibliothèque télépathique
traversée
dans les commencements de Moncton Mantra
car c'est un voyage nourri d'images du bleu
vers l'écriture de vos yeux
au volant de ma machine à écrire
je veux vous parler de musique
de l'aire sonore de nos vies
de la nourriture des sens
are you going with me

mouvance
la route américaine
caravansérail
j'aime tellement le voyage
que je n'ai plus hâte d'arriver

are you going with me
moi qui suis désordre et désirs
machine à mots en dérive dans les villes
bipède ambulant dans les fantasmes de vous
j'allais d'amour fou en amour fou
pour fuir l'amour fou que j'avais pour vous
sur la rue Dufferin ou la Cameron
de la rue Lutz à Archibald
où je vous retrouve
dans chaque recoin de mon âme
je vous porte en moi
dans les parcours électriques
d'une errance à jamais sonore

VISIONS DE RIMBAUD
(Projet d'autobiographie)

j'entends à la radio que Rimbaud est revenu en ville. et je me suis rappelé le temps passé ensemble, à l'époque où je fumais beaucoup trop, entre la mescaline et le chèque de chômage.

nous écoutions les mêmes disques. Bob Dylan : *Blonde On Blonde* surtout. si je m'arrêtais à une image sibylline d'une chanson, il disait : «Analyse pas, laisse les voyelles te bercer dans leurs sonorités, laisse-toi emporter par leur travail sur les consonnes.»

la trappe à homard et le bateau au bout du quai n'étaient plus des sujets de poésie. il m'aimait plus fort que je lui parlais chiac. lui se prévalait d'un accent ramassé dans les bars d'Afrique du Nord.

la ville nous servait d'ambiance. nous partagions une prédilection pour les taxis bleus. je lui avais donné le sobriquet : *appétit*.

parfois nous descendions jusqu'au Cap Pelé où on passait l'après-midi, les orteils dans le sable, à énumérer toutes les villes qui nous fascinaient : San Francisco, Barcelone, New Orleans, Tokyo. Il avait un mot pour cette activité, il appelait ça : *désir*.

il fabriquait souvent des collages avec les journaux qu'il mélangeait avec des images de revues ou encore des pages du livre qu'il lisait ou de lettres qu'il recevait. on riait aux éclats en parlant de la France. nous vivions quelque chose d'aussi vague que le temps et la nuit nous dormions enlacés auprès du Dictionnaire des symboles.

la dernière fois qu'on s'est vus c'était à New York. nous avions traversé Central Park comme ça, ne distinguant plus l'est de l'ouest. dans un fast-food au coin de la 46e et Lexington, il écrivit : «Burger King is Murder.» il avait même suggéré qu'on écrive un poème sur le code postal. une mémoire réciproque nous travaillait.

je griffonais son nom en imitant les caractères des grafitti sur les métros. and Manhattan was throbbing like crazy on that day. en voyant ses yeux, je me suis dit :«Oh boy! quel karma que de revivre tout ceci encore une fois.» après une tournée de quelques bars, on se quittait à Penn Station.

j'avance sur la Cameron. printemps 1986. la texture gris du trottoir me propose des lignes, des directions. je tourne sur Mountain Road, je l'aperçois soudain. il porte une culotte noire, fripée, une chemise blanche ouverte au cou, la chevelure ébouriffée. son éclat de rire me traverse. il me rappelle une image-photo d'Ernest Pignon Ernest que j'avais collée au mur de la cuisine en souvenir de lui.

il me prend par la taille en me racontant des anecdotes de vidéo-clip. nous allons vers une soirée bruyante où nous dansons jusqu'à la frénésie. il m'embrasse éperdument dans la musique.

cette nuit, je lui souffle à l'oreille à quel point il m'a manqué. en me serrant contre lui, il me dit : «j'étais partout pourtant. dans la gorge de Jim Morrison, dans les couleurs de Nicholas de Staël, dans les cris d'Antonin Artaud; je te parlais dans les lignes du Yi-King, dans les disques de Marvin Gaye.»

au matin nous méditions avec le mantra : nam myoho renge kyo. ses yeux réchauffent la chambre. une musique vibrante émane de nos plexus solaires, énergie tantrique de nos corps.

Rimbaud revenu. l'appartement devient plus lumineux. un déjà-vu dans nos yeux. on se promène là-dedans avec aisance. à la table de cuisine les images nous emportent. coïncidences comme au premier matin. avec les valises près de la porte, nous reprenons notre prière américaine.

-*Lieux transitoires*, 1986

UNE AUTRE SAISON

Une autre saison arrive dans le monde
je retrouve la luminosité des heures
ma bouche et mes mains sont pleines de toi
aimer est un verbe
et j'en tremble

-*Les Matins habitables*, 1991

PRATIQUE DE LA POÉSIE

il me semble que la poésie agit
à partir du corps puis de la tête
de ma mémoire de bandes dessinées
ou de l'eau salée avalée
en sautant dans la rivière de mon enfance
il me semble que ça parle
du monde qu'on aime
et du monde qu'on aime pas
que ça parle d'une rage historique
de l'ambiguïté de voter
s'inspire d'Apollinaire
ou de Bessie Smith
comme le soleil envahit la cuisine
un poème peut s'incliner devant la mer
souffler entre les craques de tous les murs
peut s'envoler dans le midi de la ville
atterrir dans le lit chaud de la beauté
chanter mes rencontres avec Rimbaud
mes états translucides
peut entrer dans la conscience

par degré ou par éclat
peut appréhender l'abstraction du temps

★

la poème est malachite
parle de ponts
de tigres
de cybernétique
la poème se glisse dans le noir
se réchauffe à la géologie vivante
aux rues familières
la rue Weldon appelle
pour que le poème advienne ici
au coeur des contradictions
et des fulgurances
une trame shamanique
aux échos de griots
entre les générations
sur la page ou sur l'écran cathodique
par les voix et dans les livres
le poème inscrit cette trajectoire
de la parole et du désir
comme un grafitti sonore
sur l'écriteau du réel

★

parfois nous écrivons
sans trop savoir pourquoi
sauf que nous écrivons
nous imaginons qu'une phrase
peut nous emmener
au bout du monde
et parfois elle le fait
entre le rythme du coeur
et le rythme du lieu
entre le noir et le blanc
le bleu guette constamment

comme le silence
je veux nommer jusqu'au vertige
tout ce qui m'a touché
les traces indélébiles
de certains moments
les épiphanies du quotidien
au long de la longue complainte
de mon appartenance

HOMMAGE À L'AUTEUR DE CRI DE TERRE

la ville est une conséquence extrême de mon désir
j'habite un cri de fer aux racines d'argent
comme une drogue douce dans la nuit nucléaire
où les autres essayent de décider pour moi
sans me consulter jamais
je résiste à coups de poèmes et d'entêtements
comme *Acadie Rock* tatoué sur le corps de Moncton
la ville est une prière aux dieux païens de mes sens
au long des irruptions sonores
qui dirigent mes dérives
je connais la complaintes des mots d'eau
elle parle de mes origines
j'habite un cir de mer aux racines éparses
parfois électriques et planétaires
dans les flammes de Los Angeles
le siècle s'essouffle et se désintègre
les prophètes du rap le clament
aujourd'hui je veux mêler ma voix à la leur
à la tienne pour dire tout haut encore une fois
j'habite un cri de terre aux racines de feu

–*Complaintes du contient*, 1993

ÉLOGE DU CHIAC

de jouer dans la langue et d'en rire
d'en rêver qu'on find out
qu'on communique
même si le voisin fait mine
de ne rien comprendre
too bad de se priver
de pareille façon
de faire accoire
contre soi-même
que ce rythme n'existe pas

la musique est o.k.
le monde itou
on dirait que toute
est à la bonne place
c'est slick
so stick around

    le son est une lumière
    sur ta langue créole
    dans ton corps reggae
    la musique est o.k.

nous emporterons dans la langue
les mots ramassés en chemin
nous poserons les mots d'ici
sur tout ce que nous toucherons
y compris ce que nous transformerons
avec l'entêtement de parler partout
et d'écrire sur les pages encore blanches
notre dignité humaine
notre tragédie n'est pas grecque
sur la terre sainte de Memramcook
à peine chrétienne
dans la cérémonie des samedis
on nous accuse de notre histoire
et nous répondons coupables

d'avoir toujours compris
où nous étions

(quand t'es avec les loups
tu cries comme les loups
disait ma mère qui devrait savoir)

nous ne voulons plus ressembler
à ceux qui nous acceptent
à condition que nous effacions
toute trace d'histoire personnelle
qui nous aiment à genoux
devant l'autel de l'aliénation
c'est même pu funny

nous parlons de ce qui nous passe par la tête
dans les virées de la vie
dans la ville de la violence de voir
ce qu'on nous fait
nous parlons comme des anges en transit
des rockers lumineux devant ceux
qui rêvent de «bien parler»
pour faire taire les autres
dans notre pays de mue
worryez pas
nous repasserons autrement
avec la bouche
pleine de surprises
et d'éclats de rire

-*Éloge du chiac*, 1995

Herménégilde Chiasson

ET LA SAISON AVANCE

Et la saison avance
Les radios jouent plus fort
Les arbres sont plus longs qu'avant
Le plafond est plus blanc
Et la saison avance
Le jour est plus court
Les arbres sont plus blancs
Le plafond est plus beau
La rue est plus large qu'avant
Et tu me cries
Et je cours inlassablement vers toi
C'est ridicule
Je sais
Mais la saison avance
Le jour est plus court
C'est ridicule
Je sais

(1968)

- *Climats*, 1996

EUGÉNIE MELANSON

Ni les colliers d'eau douce
Ni les encensoirs en feu que les curés brandissaient durant les Fêtes-Dieu
Ni les bannières du vendredi-saint
Ni les drapeaux tricolores
Ni les amours perdues
Ni les amours permises, encore
N'auront fait pâlir ta beauté, Eugénie Melanson
Toi dont la photo traversa les années
Pour me faire signe

Un après-midi de juin, quand le ciel était trop bleu et que le soleil descendait trop bas dans un pays qui ne pouvait être le mien.
Tu étais la plus belle, pourtant
D'autres te l'auront dit, bien sûr, mais j'imagine tes yeux sombres grands ouverts et qui regardaient à l'intérieur de ton corps pour ne plus voir passer les années sur ta beauté oubliée.
Tu étais la plus belle, pourtant
Quand tu te déguisais en Évangéline pour pouvoir recréer avec des Gabriels de parade les dates mémorables d'un passé sans gloire, englouti dans les rêves et les poèmes d'antant que tu n'avais jamais lus.
Tu étais la plus belle, pourtant
Quand un dimanche après-midi un photographe ambulant saisit la fraîcheur de tes dix-huit ans et fixa, par un procédé lent et douleureux, les séquelles imparfaites d'une candeur incroyable, rêve lent et presque sombre d'un désir de vouloir rester maintenant et toujours pour regarder le soleil s'estomper dans le ciel une dernière fois, oui, juste une dernière fois.
Tu étais la plus belle, pourtant
Parce qu'un dimanche après-midi cette photo commencça son existence et qu'un après-midi de juin, ta présence m'a regardé et m'a arrêté.
Tu regardais, de derrière ton cadre, du haut de ta robe noire, le visage contre la vitre.
Tu regardais, mais tes yeux ne regardaient plus à l'intérieur de ton corps.
Tu regardais Eugénie Melanson, je sais, tu regardais
Les vitrines bleues, les objets de piété, les berceaux bordés de dentelle, les haches accrochées dans l'établi, les charrues qui ne labourent plus la terre, les meubles victoriens des gens qui étaient plus riches que toi, tu t'en souviens, les fanals à gaz qui clignotaient près de la porte quand les soirs venteux d'automne tes cavaliers venaient te reconduire jusque sur le perron, tu regardais les foyers avec de vraies bûches de bouleau, toi qui en avais toujours rêvé, tu t'en souviens, tu regardais les carrioles qui bondissaient sur la neige des dimanches après-midi quand il y avait des vêpres à l'église et qu'emmitouflée dans les fourrures, tu croyais te rendre à la messe de minuit en plein jour...
Tu regardais tout ça, Eugénie Melanson, et pourtant...
Pourtant, tu étais plus belle que tous les rêves qui s'étaient aplatis contre la vitre par un jour de juin où, ici, comme par tous les autres jours de juin, il ne s'est rien passé.

Tu étais plus belle que les médailles du Vatican qui allaient aux dignitaires dont ton mari te disait les noms parfois et dont tu voyais les portraits dans les journaux.
Et aujourd'hui...

Aujourd'hui vous êtes tous ici
Vous êtes emprisonnés, toi, les médailles du Vatican, le tableau de la déportation, le drapeau de lin que Monseigneur Richard avait fait faire, et tous les rêves qui vivent derrière les vitres de cette grande cage à nostalgie.
Tu es au bout d'un corridor et tu regardes venir les enfants qui examinent les vitrines bleues et qui ne remarquent pas ta photo qui est petite et perdue en noir et blanc.
Mais tu es la plus belle, Eugénie Melanson, plus belle que Philomène LeBlanc, plus belle que Valentine Gallant, plus belle qu'Euphrémie Blanchard qui sourit au bras d'Évariste Babineau, plus belle que les médailles du Vatican, que la signature de Champlain, que les cachets de cire du roi d'Angleterre, du roi de France ou d'Espagne.
Tu es la plus belle parce que je t'aime
Parce que tu ignorais qui étaient les Gibson Girls, les suffragettes, le cirque Barnum, les Beverley Follies, les frères Wright et Thomas Edison et que tu t'endormis près des berceaux bordés de dentelle.
Tu aurais dû te réveiller.
Tu aurais dû te réveiller puisque c'est alors que l'envie de mourir s'agrippa à ton corps.
Tu aurais dû te réveiller, Eugénie Melanson,
Mais tu t'endormis dans ton corps
En pensant aux vitrines bleues, à la signature de Champlain, au fort de Beaubassin, aux canons des vaisseaux français qui donnaient le feu en rentrant dans le havre de l'Ile Saint-Jean...
Tu t'endormis
Tu t'endormis en rêvant
Tu t'endormis en rêvant à de nouvelles déportations.

Mourir à Scoudouc, 1974

ICARE

Nous avons un ami en commun.
Il vit, étanche, dans un appartement travaillé par la suie.
Il travaille à la semaine, on dirait.
Il nous embrasse quand nous allons le visiter,
L'hiver, sur des chemins glacés.
Nous parlons de frustrations diverses.
Des raisons qui font qu'on déserte son espace
pour aller vivre ailleurs
toute cette douleur qui nous réclame.
Comme si on réalisait subitement
l'urgence des choses et la fuite du temps.

«Qu'est-ce qui s'est passé» qu'il n'en finit plus de dire.
Et nous rajoutons, conscients du poids
et de la nécessité d'alimenter la conversation
que «l'hiver est une saison où tout se déforme».
Et il conclut toujours en disant de faire attention.

Quand on s'approche du soleil, il paraît qu'on prend feu.
Ce n'est pas si terrible qu'on veut nous le faire croire.

OUTREMER

Je resterai avec vous jusqu'à l'heure émouvante
où votre coeur sera devenu un continent glacé
dans le grand moment perdu de la route.
Lorsque tout se blase et se déforme
dans le regard kodachrome des touristes.
Sur la terre où nous n'avons fait qu'aimer.

J'aurais aimé avoir tes yeux, mon père,
pour regarder la mer, pour sonder l'horizon
jusqu'en ses ineffables et tortueux refuges.
Mais tu ne m'as laissé que des routes
qui s'entremêlent dans les synapses
revêches et cravachées de ma mémoire.
La sonde abîmée d'un voyageur inquiet.

J'aurais aimé avoir tes yeux, ma mère, pour me méfier,
pour regarder dans le ciel mystérieux
où se profilent les conclusions et les indices.
J'aurais voulu avoir ta force
pour cracher sur les évêques,
sur leur manteau de dorure
et sur tous ceux qui nous ont pris au collet
dans nos sentiers chétifs et maladroits.
J'aurais voulu que ma vie soit porteuse
de l'absolue nécessité des choses et des êtres.
De leur urgence et de leur fragilité
dans le ventre de la menace.

Et la mer est restée entre nous
comme un blanc de mémoire interminable,
une statue de sel le long de l'autoroute.

AMÉRIQUES

Nous sommes greffés au bord de l'eau
comme la soif des oiseaux
Inondés.
Vague après vague, le ciel devient lumière, devient rose,
devient mauve puis glisse dans l'océan
comme une promesse mal contenue.

Nous sommes venus par la mer aux Amérindiens
comme des extra-terrestres. Leurs tatouages et leurs
crinières glissaient inexorablement vers les dentelles et
les perruques. Leur monde de fourrures et d'excès allait
disparaître dans la bande dessinée rose et mauve
qu'allait devenir l'Amérique. L'Amérique allait se
manifester. L'Amérique s'est manifestée.
Et nous sommes peut-être ces gens-là, descendants de
coureurs de bois et d'un univers de boucane dans les
wigwams où l'on échange son coeur pour des miroirs.
Nous sommes les survivants de toutes les rumeurs et de
toutes les peurs imaginables.
Notre fragilité n'a d'égale que notre endurance.

Il y eut le pays et ensuite il n'y eut qu'une grande fosse
sur laquelle on entendait siffler la misère et l'errance.
Quand on arrache à la bête son repas,
quand on tue la bête, qu'on la mange,
qu'on devient comme elle.

Jusqu'où va-t-on porter sa peine
avant de reconnaître son humiliation.

-*Prophéties*, 1986.

OUTRAGE (à S.)

Il attendait à l'entrée d'un musée. Affamé. Regardant les oeuvres dont il essayait vainement de tirer un sens provisoire. Malveillant. Dans la pierre il n'y avait que du non-sens. La fatigue ou plus simplement une déception illicite. Il dut admettre que le lieu était probablement la seule oeuvre de conséquence. Une perception plus englobante. Un vieil homme entra qu'il n'avait pas vu. Il regardait les oeuvres, les titres et soudain il leur vint la conception simultanée d'un ennui intolérable, un bâillement obscène, un aveu sacrilège et libérateur. Le fait que tout ceci représentait autrefois une révolte. Morte étouffée. Plus tard sur une rue, dans un quartier d'immigrants, marchant distrait vers un restaurant, la silhouette majestueuse, tranchante comme le vide d'un chat noir traversant le trottoir à contre-jour. Une plénitude tumultueuse. La conscience brutale que quelque part il devait bien y avoir des moments où les yeux sont si heureux de n'être que des yeux.

-*Existences*, 1991

UN VIADUC, LA NUIT...

Un viaduc, la nuit. Ils sont plusieurs. Ils ont une voiture. Ils ont de la peinture, des idées, de la rage à revendre. Ils veulent écrire. Ils ont improvisé une banderole. Ils vont étaler leur désarroi en vitesse sur un viaduc : The city with a heartburn pour que le message soit enfin exact à tous. Il n'y a rien comme les langues étrangères pour préciser sa pensée. Puis ils sont frappés d'épouvante, d'un rire épidémique. Ils peignent des têtes de porc sur les bureaux des notables. Ils informent les journaux se réclamant d'une soudaine anarchie. Ils n'ont plus le choix. Ils sont la voix vengeresse de siècles d'oppression qui les ont rendus coupables de délire et fous de rage, qui les ont réduits au rôle de commandos forcenés dans une cellule infiltrée par le rire. Ils veulent échanger leur honte pour une dignité. Ils en ont assez de croire que le coeur soit devenu le siège des émotions. Ils pensent plutôt à l'agression constante qu'ils subissent en langue étrangère. Ils ne s'entendent plus sur les raisons, sur les besoins immédiats. Ils veulent négocier avec la honte. Brûler le masque. Ils ont une voiture. Il y a encore de l'essence dans le réservoir. Le monde flambera dans leurs yeux. Laissons-le flamber. Beaucoup plus tard, elle lui offrira le vrai coeur brûlé de passion. Il n'osera même pas y goûter.

IL A COMMENCÉ À ÉCRIRE...

Il a commencé à écrire péniblement se demandant si son obsession serait digne un jour de figurer dans les pages d'un livre. Il se souvient toujours de la grande maison en bois et du toit qui prenait l'eau quand il pleuvait et des craquements étranges que la baraque lui faisait entendre quand il ventait à tout défaire. Il s'en était fait un langage avec lequel il écrirait un traité sur l'immuable. Les roses du papier-tenture. Il a commencé à écrire en croyant fermement qu'il y avait dans les mots un mystère qui lui serait révélé. Il a respiré l'odeur des feux d'herbe, vu et revu la verdure s'étaler et pâlir et s'étaler à nouveau, gravé son nom au tisonnier rougi jusqu'au fond de la glace. Il a commencé à écrire en se disant qu'un jour il finirait par trouver la combinaison définitive. Il revenait tard dans la nuit par les chemins de terre, traversant des forêts où la mort agitait ses vieilles guenilles noires à la porte des maisons de bardeaux gris. Il a commencé à écrire en s'imaginant qu'il dirait ce que les autres n'avaient jamais su ou voulu dire. Il s'est imaginé le porteur de leur secret, des raisons de leur misère et du silence de leur déchéance. Quand il les voyait rentrer meurtris et qu'il n'avait rien d'autre à leur dire que ce pacte qu'il se refaisait silencieusement tous les jours à lui-même.

IL NEIGE SUR LA CALIFORNIE...

Il neige sur la Californie. Petite tempête profonde comme la pluie, douce comme l'orage sur les oranges qui tremblent de toutes leurs feuilles d'avoir entrevu le vrai visage de Dieu. La faille s'ouvre comme les veines romaines à la fin d'un autre millénaire. Les justes abandonnent leurs maisons. Les continents se déplacent. L'autoroute n'est plus qu'un amoncellement de poussière et de crevasses et le monde blanchit à vue d'oeil. Ce qu'il voit à la télévision, ce qu'il entend au téléphone ne ressemble en rien à cette nuit au bord de l'eau. Un film sur la joie sereine de s'endormir dans le calme des grandes villes. Petit air de clavecin, musique tiède qui sort péniblement la tête hors de l'eau à la fin de l'été. Bleu délavé des piscines contrastant avec le bronze des corps sur le rouge gonflable des matelas. Il neige sur la Californie. Le monde est en train de déraper sur sa couche de lave et les bêtes ont perdu leur haleine dans la forêt, leur gueule s'emplit de rage et de suie volcanique. Elle regarde le ciel. Sa voix se faufile vers ceux qu'elle aime sur les circuits qui fonctionnent encore. Le rire des survivants éclatant dans le grésillement d'un répondeur. À tout hasard. L'écriture ne fonctionne plus. L'alphabet n'est qu'une sculpture à la précision fondante.

Miniatures, 1995

HYPNOS S'ENFUIT DE LA RUE MAIN

le ventilateur dans l'espace impeccable
du bureau nous balaie de son regard vide
et quand il repasse il nous caresse d'un frisson
léger lointain comme l'hiver insondable

des jambes de femmes sur le trottoir aride
promènent leur désir pur et sans rémission
leur cirque ambulant est une acrobatie
dans le soleil distrait d'une fin d'après-midi

les stores vénitiens découpent le monde
en fines lamelles dans un écran suspendu
tes yeux sont fatigués de voir ces bouts d'essai
dans un décor glissant dans la mer profonde

tu ne sais plus quoi dire tu as trop attendu
une secrétaire prend les commandes le café
vient de chez Tim Horton's le Brésil est trop loin
Copacabana n'est plus qu'un mot qui danse bien

tu ne sais plus quoi penser l'Amérique fait ça
fait cet effet-là quand dans les verres de papier
tu vois disparaître le sucre dans le noir
quand la jungle n'est plus qu'une légende qui s'en va

tu retournes sur les lieux où le soleil s'amuse
projetant l'éclat sur le métal trop chaud
la vitre de l'auto baissée et tu crains
tu cherches inventant dans ta tête une excuse

tu t'avances anxieux pensant aux orignaux
à leur marche lourde comme un secret empreint
dans leur mémoire lointaine d'un destin consenti
regarde tout est là personne n'a rien pris

tu files en vitesse vers la double voie
tu t'arrêtes pour cueillir des fleurs dans le fossé
leur beauté s'évanouit sur le siège de vinyle
leur corps luxuriant luisant comme de la soie

tu revois le plancher gris de contreplaqué
où tomberont épuisés leurs pétales fragiles
leur mort faisant contraste à leur parfum soumis
souvenir qui s'étale le long des murs blanchis

la tête renversée elle dort sur le siège
avant et tu ne sais pas à quoi elle rêve
le monde se déroule en ombres furtives
dans le pare-brise comme pris au piège

elle ouvre ses yeux bleus une seconde bien brève
ses cheveux s'agitent le vent la ravive
la route est là devant immobile et grise
elle défile elle bouge étalant son emprise

ton bouquet à la main tu entres accablé
la chaleur pénètre dans la maison de bois
tu as mis le compact de Patricia Kaas
sa voix rugueuse est un cri désaccordé

à ce qui se vit ici à ce qui se bat
ce qui nous concerne ce qui nous écrase
son disque semble moins bon que ses deux autres
le silence revient comme s'il était des nôtres

tu descends au sous-sol l'eau est montée partout
on tente de limiter le fléau le désastre
à la télévision des milliers d'hectares
inondés transformés en océan de boue

on estime les dégats en milliards de piastres
tu t'imagines prisonnier dans un phare
du haut de l'escalier où s'approche le secours
tu vois devant toi s'enfuir le monde à rebours

les nouvelles prédisent qu'il va neiger ce soir
sur le Montana d'autres fléaux mais aussi
un ouragan frappera la côte est cette nuit
le Mexique sera dévasté dans le soir

Eltsine est au somme G 7 à Tokyo
il veut trois milliards pour privatiser la Russie
près de Clinton Kim Campbell est tout sourire
il a fait bombarder Bagdad sans le lui dire

tu éteins la télé tout redevient sombre
il faut un certain temps pour voir surgir de l'ombre
les fantômes, les monstres de la nuit qui s'ébruitent
qui parlent de toi qui t'entraînent à leur suite

tu t'en vas avec eux tu les suis fatigué
leurs promesses sont vagues c'est le temps de rêver
mais ne crains rien puisque personne ne viendra
troubler notre sommeil ni pleurer dans nos bras

J'AURAIS CRIÉ AVEC TOI

c'était l'hiver
le soleil se couchait dans la glace
je te voyais blêmir dans les arbres
leur silhouette noire te goudronner
tu allumais la lampe
la maison sentait l'huile
je rentrais du froid
j'apprenais la noirceur
ton regard d'Indien aux yeux bleus
la flamme dans la maison secouée par le vent
les étincelles dans la nuit
ton coeur craquait de mystère
j'étais ton enfant au sens large du mot
j'étais aussi l'enfant du feu et du froid
je m'endormais dans ta voix
je ne doutais de rien
tu aurais dû me dire de ne jamais étudier le doute
tu aurais dû mettre ton panache
tu aurais dû sortir dans la nuit et crier
et je serais sorti avec toi
et nous aurions fait taire le vent
et toutes les malédictions qu'il répandait sur nous
mais tu ne voulais pas que la nouvelle s'ébruite
et te servais de ta voix pour m'endormir
j'ai appris la noirceur et le silence
j'ai appris le peur d'être emporté par le vent
je sais comme toi ce qu'il faut dire
aux enfants qui ont de la misère à s'endormir
est-ce là la cause de notre si grand sommeil
je sais tout ça pour toujours
il est trop tard pour désapprendre
je sais que d'autres enfants naîtront
ils s'enchaîneront comme des travailleurs
ils diront trop tard qu'on peut faire mentir le vent
dire que le vent peut souffler sur nous
il suffit de croire au pouvoir des mots

il suffit de brandir son cri
ne jamais s'excuser du froid
ne jamais s'excuser de la noirceur
ne jamais s'excuser de rien
faire comme si ce rien contenait notre secret
et vivre avec comme une blessure enfin dissimulée
une blessure qui s'est enfin fermée

Paris-Robichaud, 1989

Climats, 1996

Hélène Harbec

J'ÉCRIS LE TEXTE BLANC...

J'écris le texte blanc de mes songes
Le vide de mes promenades
Depuis que les averses ont rouillé
Les clous de l'épave
Dans les urnes de l'enfance

*

LES FEMMES ET LES HISTOIRES...

Les femmes et les histoires
Vont où elles veulent
Suivent leur parcours   leur déroute
Échappent à la main
Qui les trace
S'emmêlent
Fuient

Les femmes et les histoires
Courent s'inscrire
Sur d'autres pages
S'incrustrer sur d'autres murs
Et habiter les cavernes entre elles

★

LES ENFANTS JOUENT DEHORS...

Les enfants jouent dehors
Les pays se réincarnent
Dans la longue suite des jours

Sous mes doigts
Ce qu'il faut de patience
Pour découdre
La doublure d'une mémoire

★

L'HISTOIRE DU MOT DÉSIR...

L'histoire du mot désir
S'est ravivée aujourd'hui
Lorsque ton oeil
Tombé sur ma main
A parcouru la distance offerte
Entre l'horizon et les doigts
Sans rien dire
Sans rien oser

★

J'IMPRIME UN BLEU DE MÉMOIRE...

J'imprime un bleu de mémoire
Toi tu passes les couleurs
Au blanc à laver
Puis nous filons encore
La volonté de durer ensemble
Qui hésitait ce matin

-*Le Cahier des absences et de la décision*, 1991

Albert Roy

SCULPTURE

je bâtirai
une sculpture
qui chantera
la descente
des grands pins
sur la Saint-Jean

je ranimerai
une sculpture
qui sera
comme le souffle
chaud de nos forges
rallumées par
la vitalité de
nos grands-pères
une sculpture
qui endiguera
les légendes sorties
du lit de nos rivières

une sculpture
qui parlera
de l'amour du vent
de l'amour de la terre
je découvrirai
un ciseau
qui creusera
des sillons
où les rêves
déposeront les
semences d'un
monde d'égalité.

-*Fouillis d'un Brayon*, 1980

Clarence Comeau

AMOUR DANS LES BOURGEONS AU SOL VERGLACÉ DU CHEMIN DES GRATTAN AU CHEMIN DES BREAU

Sous la clôture à tante May, dans le bois
À travers l'Allée à Jude où à travers
Le Champs sus Siméon, dans les champs
De foin et entre les pensées au Fair Isle

À la source, dans les champs de bleuets
De pommes de prés, j'ai asseyé, partout

J'ai asseyé de te retrouver seul au monde
Mais j'ai pas été capable de comprendre
Les chemins de ton amour. Tu étais lointain
Du chemin des Grattan au Chemin des Breau

Partout, aussi loin que le vent le voulait
Tu suivais la route la plus longue
Et la plus difficile pour aimer, pour aimer

JE T'AIME

Je voudrais que tu me dises
Toi l'aurore
Que je construirai bientôt
Avec un baiser d'amour,
Dis-moi si je serai
De ce pays qu'ils cherchent
Dont ils ont tant parlé
En nous appelant
Par notre héritage

Nous les enfants d'une race
Qui frappe

À la porte de la Justice

Viens

-*Entre amours et silences*, 1981

Huguette Bourgeois

PRIMAUTÉ DE L'ABSURDE...

Primauté de l'absurde sur l'absurde.
Derniers gestes. Derniers trains.
Dans un air étouffant. Quand plane
le secret sur la foule ébahie. Qui
titube. Tombe. Et se disperse dans
la poussière du chemin. Carnaval
alchimique des mains qui soutendent
le décor. Gestes de rage au
ciel. Déchirant. Reprise de la pluie
au creux des doigts. Dentelles
d'azur. Symptômes de la faim.

Toujours les mêmes. Quand les
marins perlent aux gouttières.
Déchiffrement de l'essaim des
meurtrissures dans l'axe aboli
des destins. Vitesse aveugle au
creux du sang qui cherche sa proie.
Sa force et son tumulte. Dérèglement
de l'esprit, du corps, dans des mirages
abusifs. Au sortir de la nuit — une entrée
dans le coeur de l'encre.

-*Estuaire* #36, 1985

SOURCE

enfant triste au front
                                        de pluie
dans les jours inférieurs retourne
                                                            à la source
vers un pays blanc où la terre avance
avant de durcir
                                        tout ce qu'on aime
toujours à genoux
le vide se ferait
                                        dans la chambre guerrière

MIRAGE

par le chemin rompu des arbres
une ombre brûle lentement
c'est midi sur la terre
et sur la mer
                                        c'est le temps aboli des dérives
partout dans l'air un visage
partout dans la lumière
les cendres voltigeantes d'un visage
et l'éclipse de ma joie
parmi les pailles de la souffrance

-*L'Enfant-fleur*, 1987

PAPIER PEINT...

papier peint
peinture fraîche de la veille
porte ouverte de la joie
les coeurs avancent
dans l'ordre sûr et le silence

avancent en cadence
respirant le don d'un sourire

papier peint de notre monde
sève coulante et abondante
    filtrant dans l'ombre
    la nuit vivante

papier peint papier silence
mur imagé de la patience

- *Espace libre*, 1990

Huguette Légaré

CARRÉ

Un nuage est carré comme un casier à homards perdu
À regarder la nature je te vois
Je ne savais pas que l'amour pouvait être si carré
C'est dans le coeur un pain avec beaucoup de mie

Les branches écoutent l'eau et tremblent avec l'agitation des guitares électriques
Les branches sous l'eau ne voient que du noir, la marée ayant noirci
    [le bord de la fôret

Les cailloux se gonflent et deviennent des yeux de poissons
Les dernières fleurs se prolongent et se prolongent, sous les nuages torsadés et mêlés de chanvre ensoleillé de vieux cordages

À regarder la nature je vois simple comme une anse plus profonde que les autres où nous allons ramasser les homards sur la grève après les tempêtes
La lune toute mouillée suit les nuages vert et orange feuille de thé du Labrador

Un croissant de ciel clair protège les hameçons perdus
À regarder la nature je te vois
De grandes feuilles fuselées attachent des rêves aux bateaux qui passent afin que les rochers parviennent à notre regard
Le soleil colore le coucher de l'eau jusqu'au sable, jusqu'au brun qui mène le jour dans l'amour bleu écru plus simple que la mer, plus simple que toi et moi qui n'avons pourtant pas envie de chercher des embouquements ailleurs qu'en nous, qui n'avons pas envie de laisser nos coeurs à un corps-mort
L'anse aux monticules de feuilles mortes aux formes d'ancien canot, d'alliance de pionnier, de toile d'araignée, cache à longueur d'année des écureuils et des marmottes qui se chargent de faire le bruit de forêt des quatre saisons
Les branches tranquilles écoutent l'eau
L'automne avant à l'estime
Le froid a encore la douceur du velours

Brun marine, 1981

Ulysse Landry

PEUT-ÊTRE...

Peut-être
faudrait-il aller nous soûler ailleurs
puisqu'on interdit les tavernes dans les sous-sols d'église

Peut-être
faudrait-il faire nos adieux
et nous mettre en attente sur des trains sans départs
puisqu'à la fin

tout revient au même suicide
le nôtre
qui nous ramène inconsolables aux mêmes taudis

Peut-être
faudrait-il mettre feu au pays
pour n'avoir plus à compter sur la bêtise du voisin
et peut-être pourrions-nous nous installer
sur des îles anonymes
et jouer à la poupée
et lui faire l'amour sous la silhouette du crucifix

Peut-être
faudrait-il effacer les stigmates de nos mains
et rejoindre la certitude des tombeaux oubliés
en imaginant des pays où le Christ est mort en calvaire
dans un bain de sang chaud
parfumé comme un sexe humide
et où il attend la fin des jours que son père lui a promis

Peut-être
faudrait-il simplement nous taire
et mourir comme des sardines fricassées

Peut-être
que je pourrai témoigner d'où sont venus les assassins
mais jusqu'à ce jour
j'attends indomptable l'amnistie de mes fautes
en sachant qu'il me faudra redire mes échecs
mais je mourrai
j'entendrai un cri provenant de la nudité des monts
avec un sifflement de flèche à l'arc inconnu
et je contemplerai mon coeur fracassé contre un grand sapin blême
et je serai mort
je serai mort insatisfait
et je reviendrai vous parler de ma mort

JE JOUE AVEC LES MOTS...

Je joue avec les mots que tu écris
sur des feuilles de calepin
que tu piques chez Woolworth's
et que je trouve dans mes sneakers
après ces nuits
où nous sommes partis en déluge

je joue avec tes seins
comme un verre de Pepsi
et tu éteins ta cigarette
tandis que la foule se noie
dans le pot de moutarde
et que personne n'ose partir sans payer

c'est comme si toi et moi nous avions compris les trottoirs
assez pour y marcher
contre le trafic de cinq heures
main dans la main
vie dans la vie des mirages
puisque dans le Variety Store de la prochaine rue
nous ne trouvons pas
l'orifice de nos promenades en forêt

ensemble de miroitements
à jeux de carosserie
à senteur de gazoline

et tout à coup la ville perd son silence
Main Street titube contre les gens
mais l'univers oublie de rire

les ivrognes jouent du tambour
sur leur nombril
qu'ils n'ont pas vu depuis quinze ans
ils ont perdu derrière leur tête
d'autres idées

et toi et moi surpris de vivre
nous insistons pour épargner demain

mais restera-t-il encore demain
des hommes de chair
pour parler aux atomes

- *Tabous aux épines de sang*, 1977

PAYSAGE LUNAIRE

Ce soir le neige est blanche
Et je n'ai pas besoin de savoir pourquoi
Ce soir la lune s'attarde à ma fenêtre
Comme une assiette allumée dans le ciel
Et qu'on n'a pas besoin de laver
Après le repas du soir
Demain ou plus tard
Le neige aura perdu
L'éclat de sa peau neuve
La lune n'est pas toujours là
Pour éclairer la pureté de l'éclat
Même si ce n'est qu'une illusion
La lune est plus souvent vide
Qu'on n'a pas toujours le temps
De s'émerveiller
Ça n'explique sûrement pas pourquoi
J'écris souvent sur une surface plane
En cherchant les mots qui me rassurent
Comme pour me protéger
De l'accident qui surgit
Avec ses pièces de fausse monnaie
Et les bois dans les roues
Qui me laissent toujours l'âme en sang
Je n'écris surtout pas
Pour faire peur à qui que ce soit
Et pourtant l'effroi manque rarement
De saisir l'occasion
Sans permission
Et la clareté du paysage
Qui attend le soleil de demain
Ne suffit pas toujours à l'étouffer

VUE D'ENSEMBLE

La perception du monde enivre
Au point de ne plus rien voir
C'est parfois la magie brutale
Dans les ruelles mal éclairées
Et les regards qui se détournent
Pour ne pas avoir à en parler
Tandis que les rêves se contredisent
Et font des pirouettes qui étourdissent
Le tourbillon s'amplifie
Dans un cauchemar bien entretenu
Poussière fine
De maladresses sans caresses
Au bout des bras rigides
Dans des pansements de préjugés
Qu'on cultive dans la culture
Sans que personne ne se le dise
De toute façon
Personne ne le sait vraiment ouvertement
C'est dans la nature du préjugé
De s'effacer sous une conscience claire
C'est ambigu dans toutes les dimensions
Ça confond le message qu'on cherche dans les mots

– *L'espoir de te retrouver*, 1992

Rose Després

FEMME DE PLUIE...

Femme de pluie, tes rêves s'exposent sur les branches d'un pays qui bouge. La tête pleine de cailloux, le ventre de plomb, des drôles d'oiseaux perchés sur un défi. L'orage stérile fait le tour de tes prières, s'assoit dans tes mains et se fait l'agent de tes désirs.

Un quart de lune résiste à la source de tes yeux qui trempent les façades brûlantes et poursuivent le trajet des choses ruminant dans tes tripes. Tes seins se gonflent d'ironie et se dévident tel un ballon. Les enfants ne veulent plus être nourris d'illusions tragiques dont le goût se mêle aux verbes plus concrets que tes doigts.

Le langage de révolte s'enfonce jusqu'au nombril des terres abandonnées. Il sort de la boue chaude un désir de reprendre son pays, des cris de feu. Le regard des martyrs et des héros est derrière nous, voyant l'alternatif comme une levure éloigne la faim et la tient à l'écart juste assez loin pour la prendre encore les yeux fermés.

C'EST UN GRAND MIROIR ONDULÉ...

C'est un grand miroir ondulé. Il reflète l'âme soeur d'une vieille superstition. Elle savoure son image comme une étreinte et mêle ses parfums artificiels avec l'admiration et le mépris. Ses rides passent aux bruits des tourniquets qui doublent les noeuds dans son ventre fêlé. Le succès décore les murs avec des dessins de beauté opaque, purgeant ses combats en sermons de reconnaissance.

Les spectateurs farcissent leurs joues creuses avec d'autres témoignages : des drames en échange de rêves chatouillent leurs remords.

Bourgeons de lucidité! Ils restent au piège des paysages dépeints. L'âge des cyclopes modernes vide ses excréments dans les eaux de la survivance et fouette les terrains d'amour avec des ouragans de progrès.

À TOUS LES ANCIENS TABLEAUX...

À tous les anciens tableaux qui n'ont pas su perdre leur innocence... je parle d'un ton pendant, qui tourne le sol pour trouver les vers, abîmer les mains des poètes et leur donner le cadre des vents.

Passe plus loin que les airs; regarde toutes les saisons ivres de douleur et d'extase. Pour ne plus revenir, pour ne plus retenir le temps qui passe mais renaît, vêtu de couleurs et d'odeurs inconnues.

-*Fièvre de nos mains*, 1982

DERRIÈRE UN POÊLE EN ÉMAIL VERT...

Derrière un poêle en émail vert, une poupée est étendue dans une boîte à souliers. À travers le bruit de la pluie glacée, elle me parle d'un homme qu'on a connu.

J'aurais fixé la pleine lune dans mon amour affreux. Mais mon frère en prière, ses litanies renfermées dans un atlas de perdrix perdues, ne sympathise pas avec mon amant imaginé. Comme d'habitude, son morbide plaisir distrait l'immoral et affronte notre perdition qui vibre, qui vibre.

On la convoite sans l'apprivoiser, on l'exploite sans l'explorer, cette soif des parfums, cette transfusion de sang froid pour nos veines enflammées.

Respirant le soufre du feu, répondant aux énigmes des sphinx, dessinant des triangles d'absolu, nous payons la rançon de l'appartenance.

Comme si nous étions les seuls que des monstres habitent.

JE FIXE LA GYMNASTIQUE DE NOS FORMES...

Je fixe la gymnastique de nos formes souples pendant une seconde, une minute arrêtée. Plus on l'oublie, plus l'arc de nos corps enlacés nous revient.

Nous sommes sans visa aux frontières où nos passeports bégayent comme le vent dans les arbres asséchés. Dans le déluge constant du voyage, le voyage de mes mains qui tremblent, de mes yeux qui s'agitent, j'arrive en vacillant comme l'étincelle entre la brise d'épouvante et le bois qui la nourrit. Mes mains hésitent entre le retrait et le combat, entre la plume et le couteau.

Eau zen, air pur, où sommes-nous passés dans le virage des sens...? Si près de l'âtre, vivant un strict plaisir, nous nous sommes effondrés en poussière sur la ligne éphémère du temps.

–*Requiem en saule pleureur*, 1986

SURSAUT DES LIMBES

En route pour l'avenir, je me suis toujours trompée de terminus,
je suis restée ouverte, une proie sollicitée. Boomerangnant,
révisant le passé, je marmonne une devise inventée par d'autres,
l'adapte, crois l'améliorer.
Un volubile incantateur roule son discours.
Déhanche la foule et nos têtes défaites.

Viens surprendre mon indigène fureur, accouchons de toutes
ces peurs imbéciles qui affligent notre entourage
déjà si restreint.

Comme l'espace chloroforme qui nous guette.

Les légendes me précèdent et s'éteignent,
s'égorgent avant de me raconter le plus mystique des exploits.
La dernière fuite m'a ramenée à toi où luit le passage entre les
barreaux menteurs,
où les potions sont les coups de tambour hypnotisant.
Nous croyions avoir tout découvert. Avec nos taches blanches
dans le coeur, nos dieux diffames, et des allocutions brodées de
mystères douteux.

Nos crimes ridicules.

À MORDRE LE PRÉSENT

Dents serrés
mâchant une rage d'hier
une rage d'hiver fondant autour de nos têtes en feu
autour du coeur qui reprend peu à peu
son rythme
son hymne rocheux.

Les dents serrés à grincer la rancune, l'orage de révolte qui
surgit pendant que la déception, mot d'ordre et passe-temps
préféré des téléromans, rame sa religion politique brumeuse.

Dents serrés, ces mêmes dents dévorantes qui mâchent notre langage; comme les yeux gris maussades de la tempête nous tiennent éloignés.

Et ne rien dire
ne rien dire
comme si le silence valait encore de l'or
comme si l'or ne parlait pas plus fort.

Langues en harnois. Belles bêtes sauvages entraînées pour le cirque maudit. Enchaînées, elles dansent des pirouettes au craque du fouet, la musique ambiante délabrée, abusive.

À vous la déraison.

À nous la dérision.

C'est à peine si on vous tient à l'écart, nos crayons affolés...

C'est-y parce que vous comprenez mal l'anglais qu'on doit être
misérable dans notre peau de chiaque?
C'est-y parce qu'on a pas acheté la sueur des autres
avec l'argent gagé en mesurant leur sève?

Vous nous en voudrez toujours...
Reprendre la respiration, l'indépendance saine.
Écrire la nuit lorsque les courants d'air transportent tout.
Écrire la nuit pour ne pas maudire le jour.

Commencer n'importe où
À n'en plus finir
Changer de peau
Chavirer de rythme
Déménager de cosmos.

La couleur de la musique peint des toiles changeantes qui
transforment la routine de janvier en délire de juillet.
Nos deux caboches collées sur l'espace restreint de la fenêtre,
nos idées chaudes et lumineuses sont des mouches à feu
errantes jusqu'au sommeil caraméleux.
Riant, émerveillés dans notre nid, nous restons juchés
en lucarne au-dessus de la forêt fantaisiste.

-*Gymnastique pour un soir d'anguilles*, 1996

Rino Morin Rossignol

POÈME TRANSCENDENTAL

Ma poésie se désintègre.
Ma p ési   e d sintè   re.
M p   si   d   int   re.
        p   i   n   re.
        p   re.
                                                   r .
                                                    .

-*Acadie/expérience*, 1977

BAOBAB

Le désert s'offre à moi. Désert aperçu de loin, m'entourant tout d'un coup. Faux désert. Désert de banlieue africaine. Baobab. Les baobabs se tuent à vouloir y pousser. Tordus. Tout en gerçures. Les boas s'y cachent. En attendant une proie incertaine. Éventuelle. Ton corps est loin. Ton corps est tellement loin. Tu es terré dans un baobab dans l'attente d'un plaisir probable. Ton sexe, gros comme un boa, se love autour de mes fantasmes. Ma tête s'ouvre au désert. Ma tête est pleine de sable. Ma tête est le sablier de notre aventure. L'aventure s'épuise. J'achèterais tous les baobabs du monde pour te retrouver. Secouer tes branches mortes. Il me reste quelques mots chétifs pour toi. À peine.

*

III

y again. Take care. Every word
a kiss for you. (Since it is i
no French kiss.) (I hope this
u are so cute when you smile.)
whole world was like you, I'd b
the whole world. Thank God,

que.
ye! Bye! Au revoir. À bientôt.
ime et je t'embrasse.

not resist squeezing a
ch words in. (For my
when I'm famous.)
(Octave whistles hi

★

Fragment bénin pour une histoire bénigne. Tu n'existes plus. À peine un grain de sable dans le désert. Dans ma tête. L'Afrique tout entière me hante en ces temps de sécheresse. Un continent en feu. La gorge en feu. Je suis un dragon. Un dragon sans malice. Et tu ne chasses plus les dragons.

Hier soir tu n'étais pas à la maison. Je le sais. J'ai téléphoné. Huit coups bien sonnés. Comme si j'avais des gongs dans les oreilles. J'écoutais la sonnerie. J'étais ici, mes oreilles étaient là-bas, à Boston. Des gongs dans les oreilles. Trop. Quand tu n'es pas là, pourquoi me faut-il t'écrire? Ma plume s'est versée d'elle-même pour toi. Ensuite j'ai scellé l'enveloppe en vitesse, de peur de changer d'idée, et je suis allé la jeter dans la boîte aux lettres, au coin de la rue. C'était moi dans l'enveloppe. Scellé. Encoquillé. Je me postais pour aller te rejoindre. Trop. La boîte aux lettres n'était pas au rendez-vous.

★

Je comprends toujours lentement. Tu me l'as répété mille fois. Mais hier soir le symbole s'est offert à moi. Brutal. Immédiat. Pas de boîte, pas de lettre, pas de faux pas.

Ce soir je palpe le dernier fragment de cette envolée ratée. Rendez-vous qui ne fut jamais. Je ne dois plus te téléphoner. Tu n'es plus là. Je ne dois plus t'écrire. La boîte aux lettres n'est plus là. En Afrique, j'aurais pu glisser la lettre dans une fente de baobab. Les boas ne touchent pas aux lettres d'amour. J'aurais pu être dans l'enveloppe. Dans le baobab. Protégé du boa et en route vers toi. Pourquoi ne suis-je pas devenu missionnaire? Ou mercenaire? Ou chasseur de boa? Quand j'avais douze ans, je voulais être martyr. J'ai raté ma vocation.

Je vais en ville. Au cinéma. Pour faire routine. De ma tête à l'écran, tout n'est que cinéma.

★

La ville pousse drue. Gratte-ciel contre la démangeaison de la vérité. La ville pousse drue. Nous allons comme des morpions entre ses poils. Nous suçons le sang de la ville. La ville suçe notre nature. La ville est grise. Le ciel est gris. Pignons sur rues grises. Gris les trottoirs et les pigeons. Ceux qui ne voyagent plus. Ceux qui n'ont plus de rêves. Bientôt nous serons tous comme les pigeons. À picorer des grains de vertu sur des pavés gris. J'ai le teint gris. Tout est gris ici quand ton ombre s'y promène.

Nous étions si beaux lorsque nous étions fous! T'en souvient-il? Un jour, je serai à nouveau amoureux de toi et je peindrai l'horizon de couleurs folles. Les pigeons s'envoleront et nous serons de la migration. Un jour, je t'aimerai encore. Peut-être. Mais je quitterai la ville. J'irai vivre dans un baobab. Et j'élèverai des boas.

-*Les Boas ne touchent pas aux lettres d'amour*, 1988

RÉDEMPTION

et si l'on parlait d'amour
juste une fois
dans ces rumeurs étroites
frôlant nos gestes

les émois bien au chaud
dans nos yeux rédempteurs

raconte-moi
le temps qu'il fait
derrière ce mur ultime
où tu retiens en otage
ton indissoluble solitude

tu m'entraînes je suis
chien affamé fidèle ami
du premier quidam
offrant un os

parlons d'amour
deux vieux routiers
de la poudre d'escampette
se jurant tous les soirs
les plus beaux serments
dans le carrousel de la liberté

parlons d'amour
juste une fois
le temps friable
d'un bruissement
le long du cou

février 1987, moncton

-*La Rupture des gestes*, 1994

Charles Pelletier

LES PIERRES ROUGES DE FATEHPUR SIKRI

travail de reconstitution
comme les pierres rouges de Fatehpur Sikri
dispersées comme les mots

s'il devait n'apporter qu'un seul livre sur une île déserte
il choisirait le dictionnaire
car il contient les mots de toutes les histoires

travail de reconstitution
comme les pierres rouges de Fatehpur Sikri
dispersées comme les mots

chaque pierre posée selon une architecture
chaque mot consenti selon une écriture

Il sort de la ville pour se promener en campagne, une campagne semée d'humanité (même les campagnes sont surpeuplées). L'autocar qui le conduit arrive à destination, Fatehpur Sikri. Ville entière, abandonnée, silencieuse, au coeur du désert. Comme il y manquait d'eau, le maharajah fit construire une nouvelle ville, Agra. Tous ses vaisseaux l'avaient alors suivi, délaissant cet éden. Y dorment encore palais, mosquées et tout un amoncellement d'édifices. Travail de reconstitution, chaque pierre posée selon une architecture.

Aucun vendeur, aucun enfant, aucun attroupement ne vient rompre le silence. Plaisir éphémère dans la turbulence de l'Inde.

Le vent souffle doucement. Zéphyr. Le calme règne sur la ville abandonnée. Il lui faut un certain temps pour s'y habituer. Il s'assoit sur une muraille, écoute... (Un temps...) Le silence l'enveloppe.

Il échappe au temps... pour vivre quelques instants d'éternité.

Délice, jouissance, soupir.

Silence.

-*Oasis*, 1993

Henri-Dominique Paratte

DIS-MOI LA NUIT

j'aimerais savoir où je vais
si le pays où je vivrai sera un pays libre
que je pourrai dire mien

j'aimerais savoir qui je suis
quelles paroles je dois parler
j'aimerais t'aimer toute la nuit

demain, c'est toi, ou c'est moi
qui prendrons l'avion
destination RÉALITÉ dans quelque grande ville
canadienne
ou quelque petite place au bord d'un lac,
au bord d'une baie, quelle importance?
Dis-moi la nuit
jouons la corrida du RÊVE
échappons à la mort, si nous pouvons,
le temps d'une cérémonie

ici, en plein milieu de ce pays,
à la mi-temps de nos voyages
dis-moi la nuit la longue nuit la nuit polaire
celle où passer la nuit aurait encore un sens
celle où mourir à l'aube offrirait encore
tout le jus
d'un demi-pamplemousse planétaire
dis-moi la nuit
la longue nuit perpétuelle qui va venir peut-être

il était une fois un voleur d'enfants : la nuit venue, ceux et celles qu'il rencontrait se trouvaient soudain couverts d'une cape immense, et dans les plis, du noir sommeil intense les prenait, les submergeait, les emmenait en balade au fin fond des rêves impossibles à dire, et dont ils ne se réveillaient plus, dont ils n'auraient jamais plus l'envie de se réveiller, suspendus au plus noir de la douceur des choses

dis-moi la nuit qui nous prendra
nous laissera fossilisés ou bien
complètement évaporés à force de neutrons
nous déjà neutres au coeur : ossifiés, stérilisés,
bêtes routinières
dis-nous la nuit

(...)

Dis-moi la nuit, 1982

SAISONS EN ESPAGNE

Le vent est bon ce soir, et la fin de l'été a purgé l'air des maringouins.

Le calme immense de ce lieu magique, comme une oasis de lumière au creux de la Baie, comme un bateau fantôme, comme une île.

Le temps, ici encore, a changé de couleur.

Je pense à elle comme si elle était là. Vous aviez mis ces cartes au mur, histoire de vous repérer, savoir où se trouvaient Cape d'Or ou Spencer Bay, comme si le fait d'apercevoir la côte en face de votre oeil au pied de la falaise vous donnait un droit. Tu aperçois l'animal, tu le vois, tu l'enregistres dans la tête; tu finis par croire que tu le possèdes. Tu possèderais donc, même en illusion, tout ce paysage qu'une baie, pourtant, sépare de toi. Cette forme de femme au bord du ruisseau. Pour un peu vous verriez Christophe Colomb débarquer et vous expliquer en un patois portugais mêlé de dialecte italien, avec un soupçon d'espagnol qu'il vient de «découvrir» l'Amérique - tout étonné de vous trouver là. À moins que ce ne soit Champlain qui débarque, ou encore un prêtre irlandais, ou peut-être deux Vikings, sans même parler des Micmacs avec leurs filets de pêche et leurs paniers. Une couple de jésuites vêtus de bure grise en train de croiser près du vieux moulin deux indiennes en petit pagne de peau de chevreuil. C'est toujours incroyable de découvrir à quel point les autres avaient déjà trouvé ce qu'on croit avoir inventé.

Tout le mystère de notre poussée dans le temps, tout le fantastique de notre chevauchée vers les étoiles dont les mouvements constellent nos saisons depuis toujours, toute l'inquiétude de notre voyage astral dont on ne sait pas s'il est plutôt spirale, ou ligne droite, ou retour circulaire. Peu importe. La seule chose certaine, c'est que les hommes, comme les serpents fantômes d'océans inconnus, changent de peau alors que le temps passe. Nous sommes peut-être morts, comme les étoiles, nous brillons d'un éclat qui n'a pas plus de réalité que la lumière d'une chandelle dans une auberge d'âges obscurs. Tu es venu découvrir, doucement, la géographie de ton cerveau, de ton globe, dans le plaisir que tu prends à écrire à la main, la tendresse d'un air du violoncelle de Yo-Yo Ma tandis que, sur le mur, éclatent les coloris brûlants de fleurs arabes venues d'Espagne échouer sur ces rives d'une Norvège américaine.

-*Confluences*, 1995

France Daigle

POÈME IMPOSSIBLE À FINIR

i/

nous ne levons plus les yeux au ciel de la même
        façon depuis que nous savons que les étoiles
        nous regardent
certains d'entre nous avons même ressorti l'équerre,
        le compas et la table des matières
        le moment est crucial
        malheur à ceux qui désespèrent

d'époques lointaines et de bouche à oreille nous avions
        entendu dire que les humbles hériteraient de la terre
nous nous reconnaissons aujourd'hui à la vitesse de
        l'éclair

        constellaires

ii/

une gravité nouvelles s'est emparée de nous
dans le creuset ambiant de nos églises
        une volonté nouvelle chauffe les tendances
        fatiguées de notre langage
premiers hommes devant le premier feu
nous voulons maintenant devenir feu
parler sans accent ni raison

        implosion

nous nous forgerons une sécurité du coeur
nos baisers éclatent déjà de lumière interdite
nos doigts touchés d'or battent la mesure d'une oeuvre
        insoupçonnable
nous chantons que les anges sont parmi nous et que
        toute chose naissante est immortelle

iii/

et plus jamais nous ne dormirons
et l'attente sera vive et délirante

et plus jamais un homme n'aura à porter seul la nuit
d'un autre homme
nous saurons enfin qui nous sommes et d'où nous venons

et nous ne nous inquiéterons plus ni de la mort ni de
l'âge qu'il nous faudra encore connaître
nos vies d'avant et nos vies d'après éclateront des mêmes
secrets
et nous parcourrons avec fierté les mêmes chemins rares
engagés depuis toujours au même combat pour la liberté

-*Éloizes*, #4, 1981

SUR LES TRACES DE MARIANNE GODBOUT, CORDONNIÈRE ET SAVETIÈRE

i/

cuir rouge
peau verte
soupe aux pois jaunes du Québec
pratique des couleurs
pratique des effets
Montréal - 23e version
boucher tanneur sabotier
botte Wellington
botte de Hesse
botte sauvage traditionnelle
botte Souvorov, avec ou sans jambe
talon semelle empeigne
mitasse mocassin botte malouin
sur les traces de Marianne Godbout, cordonnière
et savetière

son cuir son fil son brai sa graisse

ses propres outils

ii/

Montréal - 34e version
jeûner ou pas
s'habituer à l'humidité si possible
blues international des Juifs
la Pologne et autres principes religieux
annonce dans une vitrine :
person wanted to train as bagel baker
même annonce :
only serious applicants should apply
écorce de pruche
écorce de chêne
bois d'orme, de merisier, de plaine
bottier targier gantier
pratique des métiers
pratique de la faim
NOUVEAU-QUÉBEC NOUVEAU-QUÉBEC
                    en manchette
peut-être que les journaux nous font des accroires
souper dans un magasin d'aliments naturels
éclater de rire la bouche pleine de fruits secs

s'aimer en pleine nuit à quatre heures de l'après-midi

iii/

lettre naïve d'Yvon Gallant ou 'man,
jus à mōréal - 42e version
pas trop pire
on trouve que je fais pitié et que j'écris bien
on ramasse mes brouillons dans les cafés
mariwitch
plier les couches le soir après souper
te rappelles-tu de ça 'man?
chagrinier cellier bourrelier

boudroyeur hongraveur targier
au chrome ou à l'alun
Marianne, ton fil Marianne
ton brai ta graisse tes teintures
c'était un p'tit...
tourne ma roulette vire-vire-vire
c'était un p'tit...

comme si les vieux livres n'existaient que pour
qu'on les fasse craquer

-*Éloizes*, #4, 1981

COMME CAVAFY

J'ai voulu écrire un poème comme
seul Cavafy en a écrit. D'ailleurs je
ne vous ai vue qu'une fois et, de même,
vous ignorez tout de lui. J'ai espéré
toute la nuit que me viennent les tons
pâles et lumineux qu'il aimait tant.
Je ne les ai trouvés que ce matin,
au fond de cette ruelle poussiéreuse
où m'ont entraînée vos pas.

- *Estuaire*, #36, 1985

LE SILENCE DU FRUIT

le silence du fruit
de la pomme
de la poire
de l'orange et du citron
du pamplemousse même
le silence des fraises dans leur casseau
du kiwi et de la mangue
de la banane
de la pêche

simplement cela
le fruit dans son silence

MAIS OÙ COMMENCE LE CORPS?

Mais où commence le corps?
Doucement, l'effet de la bière monte en moi
picotements
les gens vont, viennent
font des affaires
une place se libère
une autre se remplit aussitôt
tout est bien pensé
pour qui pense
pour qui a le temps de penser
comme moi, qui n'ai rien à faire
pour qui rien ne presse.

Dans le mythe de Léda
la pénétration s'opère par enrouelement tendre
c'est écrit à la page 150
mais de quel livre?
On me paye cher
pour croire à la finalité de la mort
j'y arrive assez bien
mais c'est pour l'argent
il faut bien gagner sa vie

Et pendant ce temps
toi
immobile
immense
contre qui je me glisse
quand je joue au billard
moi
comme ces billes qui roulent
cherchant leur chemin sur toi
que tu avales sans broncher

sans même frémir
immuable sur tes fondements d'acier
inconsciente
pendant que moi
remuée
à pas feutrés l'approche
l'invitation
l'avance
- avance ordinaire, avance subtile -
pluis de l'avance à l'avancée
au simple non recul
tout avec toi est perpétuel recommencement
rien n'est gagné d'avance
rien
ni la poésie
ni le contraire de la poésie

La nuit
quand tout le monde dort
j'éteins les lumières
et j'écoute
les métastases en transit vrombissent dans le ciel
se prennent pour des comètes
- comètes du silence, comètes de l'absence -
à les fréquenter
on finit par renoncer à tout exercice physique
mais est-ce que ça suffit?

Recommencer à fumer
serait la moindre des choses.

Tous les soirs pour souper
une banane
deux petits pots de yaourt au café
trois biscuits au sirop d'érable
c'est trop
à partir de la semaine prochaine
plus de banane.

Parfois s'ouvrent en moi des béances
auxquelles il est difficile de répondre.
Mourir n'est pas l'une d'elle.

Guy Arsenault

TABLEAU DE BACK YARD

bosses de maringouin
pelure de banane
bouchon de bouteille
bête à cosse
bois de popsicle
bête à patate
...comme si tout'l monde se connaissait

jardin de peppermint
bouchure
coeur de pomme
bouteille avec un trou dans le couver' pour attraper des djêpes
close-pin cassée
marbles
chemin de terre
la rhubarbe volée est meilleure que la rhubarbe pas volée
potte de marbles
tag your it
...comme si tout'l monde se connaissait pas

pissenlit
pour faire des colliers et des bracelets et pour savoir si
  oui ou non on aime le beurre
pet de soeur
la vieille shed à su LeBlanc
tar paper
les gros rats à personnes
papier tarré

qui sortait dessous la vieille shed à su LeBlanc
les cookies à ma tante Rosella
Pépère a encore viré une brosse
la chat a mangé ma collection de mouches mortes
candé noir
...comme si tout'l monde se connaissait

cloches d'église
première communion
se tenir la main...
...Denise...
...Anne-Marie...
cachette à bouchette
sneakers
cloches d'église
«Yé 6 heures i' faut entrer dire le chapelet»
couvent des soeurs
images saintes
senteur d'un couvent de soeurs
hardes de dimanche
...comme si tout'l monde se connaissait pas

piques-niques des dimanches après-midi
après les vêpres
au premier ruisseau
en filant les poteaux de téléphone
et prenant le petit chemin
en passant à côté des maisons neuves
en passant à côté de su Jimmy Budd
ou en prenant le chemin de la pitt ou de la piggerie
pique-nique des dimanches après-midi
après les vêpres
au premier ruisseau

la parenté des États
avec mon oncle Archie pi son whisky
pi sa bière des États
Budweiser
la parenté du Québec

avec mon oncle Franco
pi ses mets de spaghetti
pi ses enfants collés de popsicles
...comme si tout'l monde se connaissait pas

servant de messe de première classe
grand manieur de patène
acolyte même
30 cents par semaine
çé mon tour de servir la messe de 8 heures
avec ma soutane
et mon surplis
j'étais confortable
on pouvait se croire important aussi
quand on allait virer la nappe de la sainte table
on pouvait se croire important
à vider une burette pleine de vin dans le câlice à Père Pellerin
...trois gouttes d'eau et beaucoup de vin
on pouvait se croire important
quand s'ki fallait servir tout seul
ou quand on était dans l'église
et que quelqu'un d'autre servait tout seul
et que le prêtre nous faisait signe du sanctuaire
juste avant la messe
juste le temps d'enfiler n'importe quelle soutane et surplis
et de les attraper au Kyrie
ou à l'épître quand c'était le père Pellerin
ça lui prenait yank 20 minutes à dire une messe, lui
pi là i'avait les enterrements
avec les grandes chandelles
et les vêpres le dimanche après-midi
avec l'ostensoir et l'encensoir

messe de minuit
petite
neige
folle
tombant doucement
droite

devant la porte d'église jusqu'à chez nous
et les pâtés à la viande
et les cadeaux de Noël
et les résultats de la partie de hockey
les bas de Noël remplis de candés de Noël
et le cookage de Noël
et le petit train de Noël
et la senteur de Noël
et le matin de Noël
tranquille
pur
vrai
serein
et l'après-midi de Noël
avec la parenté de Scoudouc
Alyre et Stella pi leur famille
avec la parenté de Shédiac
parrain et marraine
avec la parenté de Parkside
Alphée et Lina pi leur famille
Joyeux Noël
Noël de famille
Noël sans famille
Joyeux Noël et Bonne et Heureuse Année
drôle d'année
marquée de fêtes, de vacances et d'obligations religieuses
pour que personne s'ennuie
pi là ya le Carême
le long Carême sans candés
avec la messe à tous les jours
pi les chemins de croix les samedis
avec nos bottes d'hiver jusqu'à la Résurrection
et le printemps...
la semaine sainte
les pâques
la Pentecôte
le dimanche des rameaux
pas le temps de s'ennuyer quand té enfant de coeur

pi là ya la procession de la Fête Dieux
su la Moutain Road
commençant à l'Église
passant en face de la Post Office
jusqu'à su Al's Variety
descendant la Lefurgey
traversant la trafic de la Connaught
passant devant la maison à su Cooper
devant la maison d'su Thériault
en passant devant le champ où l'on jouait au baseball
avec une balle d'éponge et une bonne planche sans écharpes
les soirs d'été
les soirs de printemps
et les soirs d'automne
se rendant enfin à l'école Verdun
où l'on s'agenouillait sur le gravaille dur
pour endurer les itanies de la Sainte Vierge
les itanies de Sainte Anne
et les itanies de tous les saints
et on subissait l'exposition du saint sacrement
une dizaine de minutes
le temps de se faire des genoux rouges
et on retournait à l'église
en prenant la Chester
en passant devant chez nous
et devant le magasin d'su Catherine
et devant d'su LeBlanc, su Haché, su Lirette, su Léger
pour se rendre au coin de la rue
où on montait la Churchill
jusqu'à l'église
en tête, l'ostensoir et le saint sacrement
(exposé depuis Pâques)
suivi des vicaires
suivi des assistants vicaires
suivi de l'ensemble des enfants de choeur
suivi de l'ensemble des membres de Lacordaire
suivi de l'ensemble des Dames de Sainte Anne
suivi de l'ensemble des membres de la Saint Vincent de Paul

suivi de l'ensemble des scouts
suivi de l'ensemble des louveteaux
suivi de l'ensemble des croisés
suivi de l'ensemble des croisillons
suivi de l'ensemble de l'exécutif du club récréatif
suivi de l'ensemble des membres de la Caisse populaire
suivi de l'ensemble des paroissiens...
...comme si tout'l monde se connaissait

écolier modèle
premier prix pour la plus haute moyenne 2 fois
deuxième prix pour deuxième plus haute moyenne 2 fois
prix pour plus de progrès pendant une année scolaire
à la présentation des prix à l'école Verdun
fin juin, 1961, '62, '63, '64

rangée par rangée
en ligne droite
à temps (pour quoi?)
rangée par rangée
Vive la récréation
Vive le temps libre
Vive les vacances

champs de pissenlits
barbecue
océan d'eau salée, de sable, de coquillages, de jelly fish et de sunburns
de belles filles, de jambes
de culs et de corps nus étendus sur le sable
le tonnerre roule
et le temps se fait triste
back yard
senteur de chez nous
table de cuisine
pet de soeur
pot en pot
senteur de chez nous
senteur de mon père
senteur de ma mère

senteur de mon grand-père
senteur de mes soeurs, de mon frère
senteur à moi
senteur de chez nous
comme si tout'l monde se connaissait
back yard

-*Acadie Rock*, 1973

THE POET

the poet writes about you
and tells the whole world
what you eat for breakfast
who smokes dope
who wears an old coat
who threw himself off a bridge
who is coming on Christmas day afternoon
he says that your children
are sticky with popsicles
the poet writes about you
and thinks that he'll never be truly hated for it.

-*Y'a toutes sortes de personnes*, 1989

RIEN D'ÉCRIT

Des fois
pensant à écrire
un poème
je me répète une phrase :
«Rien d'écrit»
à toutes les 30 secondes.
Des fois
je la répète
comme ça
pendant des jours.

«Rien d'écrit»
pendant des jours.

-*Jackpot de la pleine lune*, 1997

Dyane Léger

LA PORTE DANS MON MIROIR

J'arrive.
Je sonne.
J'attends.
L'Attente sert un verre de soleils froids à mon miroir fatigué. Elle me sourit tempsdrement. Dans cet après-midi d'été, me reconnaît-elle? Elle sort de sespoches une énigme. Pas de table? Elle allonge le bras, incline le ciel...étale ses morceaux de confusion sur la nappe bleue. Nous nous asseyons sur des nuages-fauteuils, et dans un silence absurde, nous résolvons l'énigme qui te révèle! Je suis heureuse! Toujours dans ce ton de silence, Elle dépose nos valises au bord d'une Parlee Beach, et donne à chacun de nous une boîte de mots. Nous fouillons nos valises, rejoignons les loges pour y revêtir nos costumes d'enfants.

«Allô. Comment tu t'appelles toi? Tu veux jouer avec moi? Tu veux venir voir? Viens voir! Allez, viens!!!» L'Artiste installe son chevalet près de l'horizon est. Il s'empresse de peindre le jour. Nous, nous nous tenons là, main dans la main, attendant le croquis de la plage... Oh! nous aurions dû savoir. Ces peintres surréalistes, ils peignent tout sur la réalité. Ils s'en foutent que ce que tu sais est. Ils peignent ce qu'ils croient *être*.

C'est ainsi, et pas autrement, que, soleil après soleil, la marée dépose ses vagues vides sur cette plage morte, que les millions de grains qui s'appellent sable restent suspendus du cadre comme des étoiles au ciel, et que sous les coquilles, les araignées de mer filent, ourdissent, tissent... les cages à nostalgies. Le tapage infernal, qui tout à coup s'élève de la palette de l'Artiste, est une fiction, il n'a rien à voir avec le bord de la mer, ni avec les hoquets du piano tué.

L'Artiste farfouille, s'enthousiasme et voilà! remplit de rien d'autre l'immense toile rêvée. L'Homme se recule. L'Artiste la contemple un moment. Un air dégoûté possède son visâge. Il se met à peindre des rires de fous avec une telle audace, qu'il nous fait peur. Très peur! Son oeil nous aperçoit. La peur vole nos jambes. Plus moyen de s'échapper. Son pinceau nous piège. Deux enfants construisant des châteaux d'air, sur un tableau d'espaces infinis.

Il fait chaud. Nous marchons sur cette dune de peintures des mille longs temps. Il fait si chaud. Nous baignons nos corps brûlés dans un verre d'eau que le hasard a laissé traîner. Le jour se fait faim. Le jour se fait plus faim encore. Nous rejoignons la table de pique-nique. Dans un petit panier, un champ de bleuets nous attend. Nous mangeons des fraises. Oh! les bons bleuets! **Regarde! Là-bas!!!**

Là-bas... descendue d'un taxi blanc, la poupée à ficelles s'approche, s'approche de nous. Vêtue de silence d'eau, elle nous présente une bouteille d'éternelle, deux cognacs, un couteau dans un oiseau. Nous éclatons de rire! C'est bien drôle d'avoir planté un oiseau dans un couteau. Nous roulons de rire! Nous dégustons des plats de mots et du From-âge fondu. Nous dansons! Nous chantons! Nous jouons! **«ATTENTION!!!»** Tu as cassé la bouteille d'éternelle. Nos couleheures de paradis plongent dans une pomme comme des vers dans la terre.

«*Qu'avons-nous fait?*» réclament les enfants de choeur aux gorges de feu. «*Nous avons cassé la bouteille d'éternelle!*», répondent les mille trous-de-poules du remords. «*Nous avons brisé l'éternelle tra la la! tra la lai! Nous allons tous mourir, tra la lai! tra la lai!*» reprennent les choreutes. Puis tout d'un coup, comme si cette chorale avait connu une panne d'électricité, elle se tut.

Endormi dans un silence de mort, le dragon de feu qui flottait dans le bleu se réveille, agite les griffes et sa queue de serpent. À *griche-poil*, il enlève son masque d'or, dévoile une grosse face d'horloge, s'élance à toutes jambes après les petits enfants, en happant au hasard un malheureux, le mangeant. Il tourne, pivote, tournoie, et darde contre nous ses tic tac et ses tic tac monotones comme une pluie qui tombe et qui tombe. Afin d'échapper à cette grêle d'absurdes, toi et moi, nous nous réfugions sous le grand parasol soir.

Avec des papiers de couleurs, des illusions de bonheurs, des histoires belles et nos rubans de rêves, nous fabriquons notre chef-d'oeuvre. Longuement... assidûment, et comme deux artistes fous, nous nous sommes acharnés sur ce tas de riens pour en faire une chair de Sibelle. Enfin, enfin elle est terminée! Ses seins voluptueux caressent ton image d'homme, son pénis comblé effleure tes cuisses de femme...

Tôt ou tard... dans un lit de chaudes paroles, le toucher attise la chair, nous fait frémir de jouissances. Nous, toi et moi, roulons dans cette passion d'intimes amours, pareils à des chevaux sauvages, pareils à des couples de film érotique. Je plonge avec avidité dans ta bouche, tu dévores avec avidité ma langue et en l'absurde frénésie des désirs à courts soupirs, les flammes de virginitié se mettent à danser, à pirouetter! Le rythme devient de plus en plus accéléré, nos chairs de plus en plus chaudes, et tu serres de plus en plus fort cette statue qui, sous le poids de l'orgasme atteint, s'ébranle.

Longtemps après longtemps, nous nous sommes éveillés. Les fenêtres neigeaient. Il faisait froid. Nos costumes d'enfants traînaient au pied du lit comme des mendiants en haillons. Il y avait des ripailles de papier partout, des grains de sable sur le tapis blanc, une vieille bouteille cassée et un parasol suicidé dans l'évier.

Nous nous sommes levés comme deux étrangers qui ont chambré au même hôtel, la même nuit, en même temps. Tu t'es brossé les dents avec ta Gillette Double Edge, t'es rasé la barbe avec du papier de toilette. Je présume... La porte était fermée. Seuls les bruits suggéraient le geste. La porte s'ouvre. Tu es parti. Tu es parti pour... Je change mon tampon sale, m'abandonne devant la garde-robe, tandis que mon miroir s'épuise à rectifier mon maquille-âge. Je suis partie. Tu es parti. Il est parti. Nous sommes partis, rejoindre le nous.

Nos costumes étaient ceux de vieux clowns blancs; nos pantomimes, pléonasmes. Comme nous n'avions rien d'autre à faire, nous avons pris le métro en provenance de l'avenue du Cirque. Mais le métro a récolté beaucoup trop d'âges dans la ville. Nos costumes veillissaient à perte de vue. En plus, les enfants nous avaient joué un bien vilain tour! Ils avaient changé nos sacs de lignes scriptées. Au lieu des rires, des joies et des drôleries, ils avaient écrit des ennuis, des misères et des agonies. Oh! le cauchemar était complet!!! Comme une Chandeleur échappée de ses rubans d'Escaouette, il courait parmi la foule de fantômes, terrifiant les femmes et les enfants, faisant mourir de peur les vieillards!

Cette journée-là, toi et moi, nous nous sommes retirés très tôt derrière nos quatre murs brûlés. Rassurés dans une toile de consolations que les araignées nous avait tissée, nous avons gratté le fond d'une cannette pour friper les restants de mon-songes secs. Ils étaient si chocolats, si bons, si doux. Nous en avons mangé beaucoup trop de ces **douCeurs** avec un «L» au lieu d'un «C», beaucoup trop. Le coeur me lève. Je cherche l'endroit pour vomir. Je trouve le cirque pendant par le sexe, oscillant comme mon miroir dans le vent pire de ta porte. J'attends... Je sonne. Je sonne je sonne je sonne...

Beaucoup plus tard, j'ai compris que tu n'y étais pas.

-*Graines de fées*, 1980

LA NOUVELLE-ORLÉANS

(...)

Il y a définitivement quelque chose de vampirique dans ce voyage appelé «New Orleans». Des choses qui ne se passent pas ailleurs. Dans les autres villes. Des choses qui n'ont rien à faire avec les chaises berceuses qui ne savent pas avoir d'enfants. Des choses souterraines qu'il vaut mieux ne pas montrer en plein jour.

Trop crue la lumière. Trop forte la dose.

L'atmosphère svelte de «Blue Velvet» s'imprègne dans mon corps. La rage de vivre s'interpose entre la douceur du velours et le rythme du blues.

Je revois les poètes se déplacer avec la légèreté des anges. Ils avaient quelque chose de cruellement beau dans leur regard. Quelque chose de terriblement dangereux dans les yeux. Ils se contentaient de danser autour de la lune, autour de Marie Laveau. Et chacun avait, autour du cou, une patte de poule qu'il brandissait comme une amulette. (On aurait dit que des langues de feu leur sortaient des yeux et qu'ils n'avaient plus peur d'aller droit en enfer!!!). Mais, malgré leur proximité physique, leur puissance et leur beauté, c'est la truie allaitant sa portée qui a retenu mon attention.

Parce que, même si je ne me rappelle plus comment je me suis retrouvée dans la maison de l'écrivain avec une poule pleine d'épingles sous l'oreiller, je me souviens de la truie allaitant sa portée.

Pour le reste, je suppose...
Une âme charitable a dû me mettre dans un taxi.
Mon ange gardien a dû donner l'adresse au chauffeur.

Il a dû fouiller mon sac pour régler la note et puis, j'ai dû dormir quelques heures parce que, dans le rêve, j'étais dans tes bras, dans notre maison à Moncton.

Dans le rêve, nous dormions tous les deux et quelqu'un cognait à la porte. Dans la réalité louisianaise, j'entends l'écrivain se lever, marcher dans la maison, ouvrir la porte, débarrer le moustiquaire qui grince.

Un homme entre. S'assoit sur la berceuse à côté de mon lit. Au premier coup d'oeil, je sais : «Sa nuit a été plus longue que la mienne, et il a vu des choses que l'on tait à jeun».

Très vite, deux choses marquent le passage du temps : le plancher qui craque sous son poids, et le ronronnement du ventilateur électrique de la voisine.

Il fait chaud. Très chaud. Il fait ce qu'on appelle un temps mort. L'homme bredouille mille excuses. Son regard interroge. Il est évident, il ne comprend pas cet écrivain qui dort tout seul dans son lit, tandis que sur son divan...

Son regard cherche les bananes dans le bananier. Trouve les enfants de douze ans en compagnie du démon qui écrvient des poèmes avec du sang. Il se secoue la tête. Regarde par terre.

Entre des bribes de conversation, s'échappent les mots. D'en dessous des draps, j'assiste à une conversation comme on écoute quelqu'un jouer de l'accordéon chez le voisin.

Avec le temps, je comprends. L'homme habite très loin et il ment lorsqu'il me dit : «You look gorgeous Mame». En Anglais, on dirait : «Little white lies», et chez nous on dit : «Goddam, tu regardes mal!!!» et on secoue la tête en riant.

Cet homme a roulé des kilomètres et des kilomètres avant d'arriver chez l'écrivain. À la levée du jour, il s'est stationné devant le moustiquaire et comme rien ne bougeait à l'intérieur, il s'est endormi. «Pour passer le temps comme d'autres jettent des sorts,» dit-il en faisant un clin d'oeil.

Huit heures, huit heures quinze, huit heures trente, trente-quatre, trente-cinq, il fixait l'horloge sur le tableau de bord. N'en pouvant plus, il s'était tenu devant le moustiquaire. M'avait vue couchée sur le divan. Il avait cogné, sept, huit fois. J'ai bougé, lui ai demandé d'attendre.

Maintenant il regrette de m'avoir réveillée, mais il avait besoin de toucher la musique qu'il venait d'endisquer.

J'observe. Quelque chose qui ne se décrit pas émane de la profondeur du geste quand l'écrivain lui donne le disque.

Main blanche sur main noire.
Main noire sur main blanche.
Et les yeux.
Et le regard.
Le regard. À lui seul, le regard en dit long,
plus long que toute la poésie de ma culture.

Lorsque cet homme disparaît de ma vie, je ramasse la pochette de son disque. Sous les regards sensibles du nègre et de la négresse, j'apprends qu'un sort, destiné à faire mourir sa femme, a failli le tuer, lui.

Après avoir perdu 50 kilos, et avoir été malade comme une bête, il a décidé de s'adresser à un guérisseur. Ce dernier lui conseilla de se purger. Et surtout de ne pas tirer le chasse d'eau avant d'avoir vu ce que son corps venait d'expulser.

Et, c'est là qu'il les compta, une après l'autre; jusqu'à ce qu'il en compte 36!
36 tortues étaient sorties de son corps!
36 tortues lui paralysaient les intestins,

36 tortues l'avaient fait se plier en deux par la douleur,
l'avaient fait vouloir vomir l'âme.

Cet homme ne se demande pas comment ces tortues se sont rendues dans ses intestins. Ni pourquoi les médecins de Charity Hospital ne parlent jamais des serpents et des lézards qui sortent des corps.

Et moi non plus quand, deux jours plus tard, volant à mille pieds d'altitude au-dessus du Mississippi, je jette un coup d'oeil dehors et que je vois cet homme assis à califourchon sur l'aile du Boeing, roulant méticuleusement ses cigarettes, les empliant, une à une, sur la montagne qu'il fait.

Cet homme ne se demande plus comment ces tortues se sont rendues dans ses intestins. Ni pourquoi les médecins de Charity Hospital ne parlent pas des serpents et des lézards qui sortent des corps.

Et moi non plus quand il dit :
«They won't tell you that, but it happens.»

-*Les Anges en transit*, 1992

AVANT QUE TOUT ÉCLATE EN MORCEAUX

Avant que tout éclate en morceaux
j'aimerais écrire dans ta main
un tout petit poème
du bout du doigt.
Un tout petit poème plein de chaleur
de lait
de miel
et de lumière.
Un poème où tu voudras passer l'hiver.

Avant que tout éclate en morceaux.

Vivre. Écrire.
Regarder la rhubarbe monter en graine.
La poussière recouvrir les meubles.
Faire le point. Poursuivre.

Tout détruire pour tout recommencer
parce que rendue là où j'en suis
je n'aime plus tellement l'histoire anyway.

Revenir échouer
sur une plage loin de tout.
Se demander pour la millième fois
jusqu'où peut-on aller trop loin?

PREUVES D'EXISTENCE

> Rien ne m'effraye plus que la fausse accalmie
> d'un visage qui dort
>
> -Jean Cocteau

Au moment où j'écris
ma vie est de plus en plus fragmentée.
Je m'étonne de rêver encore après tout ce temps.
De penser
une parole
une seule parole et je serai guérie.

Mais pourquoi serait-elle prononcée aujourd'hui?
Ça fait plus d'un siècle qu'elle me boude
que dans les ombres de la nuit
mon scarabée roule sa boule
en essayant de renaître à l'existence.

Alors
pendant qu'il est encore temps
laissez-moi.
Des trois portes
j'en choisirai une.
Ce n'est pas qu'il faut arriver à quelque chose ou quelque part
c'est qu'il faut sortir de là où on est.

Laissez-moi tourner la Roue de la fortune
courir ma chance.
Trop tard pour ruiner ma vie.

J'ai déjà commis l'irréparable.
Je suis une femme tombée du ciel.
C'est moi qui ai choisi la destruction
la disparition de tout
le vide abyssal
le rien de rien.

Cet état de confusion et aussi d'allégresse
ce moment maudit
où il n'y a plus d'illusions
où l'on ne sait pas encore ce qui va succéder.
Salut ou condamnation.
Qu'importe.
L'équilibre est si fragile.

Chut!!!
J'entends le désert.
Le désert m'appelle.
J'ai besoin de m'y rendre.
De hurler avec les loups.
D'y courir à perdre haleine.
Je ne suis pas assez folle pour croire
que tout finit par s'arranger
se tasser
passer.

J'ai besoin de rassembler
tous les ossements de la bête
qui jadis courait librement dans ma vie.

J'ai besoin de m'amener à l'état de conscience
qui fait que l'heure est venue.
Plus rien ne pourra m'empêcher
de me rendre au désert.

Dans le désert
je l'ai toujours su...
l'Écriture m'attend.

Et mes mains
- avant de pourrir en terre -
serviront à faire danser les ailes du monde.

-*Comme un boxeur dans une cathédrale*, 1996

Maurice Raymond

LES COEURS COUVERTS

nous brûlons ensemble
parmi les sables de l'amour
ô mon amour de paille
nous sommes des arbres de cendres
des mers encloses
des pays creux
que le vent prenne tout l'outillage
de nos jeux immobiles
que la terre enfin s'ouvre
que tout croule dans son puits
l'aube jamais ne sera la nuit
l'aube n'est qu'une nuit à rebours
mon amour
mon jeu facile
dans le désarmement des plages
que la mort nous recouvre
ô nous
ses serviteurs stériles

LES AMANTS DU DÉSERT

que le poids tombe
des nuits inutiles
et que l'arbre bruissant de nous
s'installe parmi les pierres

comme à une table
les ombres prisonnières...
que la limite du ciel s'épuise
et tombe en flammes sur la mer
car rien n'arrêtera nos coeurs
de s'unir
et de se mordre
rien n'empêchera notre vie
de prendre forme parmi les pierres

LES FLEURS REBELLES

ombres de sang
aux vitres de ma haine
ombres giclant
parmi l'épaisseur de notre nuit
que notre amour est bref
que le vent ment
                                        dans l'enceinte de ses fruits
s'il se peut que nous revenions
vers notre plainte
un jour régnant de silence
j'équarrirai à deux mains le vide de la lampe
pour qu'y fleurissent vite
                                        les chants noirs de la violence

-*Implorable désert*, 1988

L'AMAS DE MÉMOIRE...

l'amas de mémoire qui repose sur ton front devrait s'envoler comme un souffle d'oiseaux sur les pierres

mais il est lourd de la lourdeur du sang et coule plutôt vers la terre

pour que les arbres soient sa proie, il lui faudrait
les ailes de la mer, l'oubli ombreux des océans

quand il n'a pas tout recours que le souffle
rauque de notre prière

LE PAIN D'OMBRE...

le pain d'ombre est rompu par des spectres sans
voix qui parcourent de leurs yeux rouges le silence

ils hument le désastre de ton absence

et la perle brûle dans la coquille opaque de la
mort

vers quel marais d'obscur amour faut-il donc
ramper pour saisir de nos mains le noyau de ta
lumière

bientôt épars parmi les buissons et dans le froid
des soirs, les oiseaux auront-ils oublié ce que c'est
que de voler, de s'élancer d'un trait dans la chaleur
bleutée du ciel

les pierres de la nuit usent le refrain des mondes

et tout autour de la terre cette faim qui épouse
nos poussières

vers quel marais d'obscur amour faudra-t-il donc
ramper pour saisir de nos mains le noyau de ta
lumière

-*La soif des ombres*, 1994

Georges Bourgeois

MES HÉROS

Pépites d'or
et pointes de flèche,
mon enfance à jouer les héros
des fableuses aventures de cow-boys
massacrant et déplumant des indiens
quelque part sur les vertes collines du far-ouest
de l'ancien fort de beauséjour.
c'était en cinquante-neuf,
dans notre grande cuisine-saloon
le télé achevait de prendre la place du grand-père
prestement envolé avec les anges du ciel,
grand-mère priait le saint pie XII
de nous protéger des dangers du sexe
des ravages de l'alcool
et de nikita krouchtchev
tandis que moi je priais le bon Dieu
de nous aider à trouver le trésor caché.

c'est la veille des années soixante :
au grand désespoir de nos curés
la verne, sur nos terres en jachère, poussait dru,
et s'y accrochaitent, en lambeaux, leurs rêves
babyloniens.
mais enfin! lorsque j'ai eu cessé de me prendre pour
daniel boone
- pause existentielle -
tu étais là, ma liberté
et j'ai bu à tes belles paroles
qui pleuvaient sur mon coeur adolescent.
c'était l'équinoxe,
les grandes tempêtes m'assourdissaient
et je me pâmais devant la splendeur de tes récifs
tandis que des hommes noyés s'échouaient dans l'herbe
outarde
sur les plages et les dunes déchirées par les vagues.

tu étais là, belle et révoltante
ton eau baptismale
ta pluie abondante sur mes marais salés
tu étais là
et je me pâmais
devant la complainte du naufragé.

puis, je me souviens
c'était en décembre soixante-treize,
chez moi ça sentait la génération perdue d'avance.
il y avait le fils,
le petit-fils d'une erreur de programmation;
il y avait l'homme de la situation avortée;
il y avait le jeune saigneur du b.s.
puis il y avait l'autre
celui qui courait après les grands week-ends en fuite
et qui revenait chaque nuit s'embarrer dans son
 bombshelter
en banlieue de l'an 2000.

je m'en souviens
il neigeait souvent
mon cinéma se décolorait sans cesse...
aujourd'hui j'habite un hiver qui longuement s'achève,
je puise à mon enfance
comme au travers des carreaux givrés
s'épuise le soleil de minuit
je n'ai plus guère que des mots
au fin fond de mon armoire à conserves
- fraises des bois, bleuets et pommettes vertes -
des mots-fruits recueillis aux confins du village maternel
et qui macèrent dans de vieux alcools de lait.
j'habite un hiver qui longuement s'achève,
je fixe le mur devant moi,
je passe en revue toutes les teintes de gris
qui s'intègrent et qui m'intègreront,
finalement, à l'infini.

j'habite cet hiver qui longuement s'achève,
le temps à statufié mes héros et l'aventure...

-*Les Mots sauvages*, 1994.

ENCRE

Je prends mon style pour écrire
cent fois à double interligne je dessine ton visage
visage de femme
tu apparais dans mon griffonnage d'alchimiste
tu transendes le verbe dans la pureté d'une ligne
l'enre est tout chaud comme le sang dans nos veines
l'encre est tout ce qui me rattache à ton monde
l'encre comme le sang du dragon répandu
rue Saint-Georges à Moncton
encre de Chine
Princess of Acadia
retourne à la mer
je n'écris plus qu'en ton absence
et encore c'est pour te parler
pour te parler encore.

J'écris un scénario
l'action se déroule à Athènes dans la neige
mot à mot reconstruire l'Acropole la Grèce antique
toi et moi dans les rôles principaux
six milliards de figurants
on se cherche
la raison a quitté son temple
une logosphère entoure la planète
les internautes écument la crête des vagues
en quête d'Aphrodite
ton image virtuelle
l'oxygène se fait rare
une bibliothèque s'effondre
j'étouffe sous des tonnes et des tonnes de savoir
avec Éluard j'arpente les rues de la Capitale de la douleur

les mots sont des briques que je lance aux vitrines
les mots sont des crimes contre nature
ma folie s'intensifie
l'encre est tout ce qui me retienne encore au monde.

J'écris pour combler ton absence
j'écris pour te parler encore
mon stylo-araignée secrète son fil
l'encre est ficelle pour agiter les pantins
l'encre est filin pour attacher les oiseaux
l'encre est corde pour se pendre.

-*L'E muet et autres lettres d'amour*, 1998

Louis Comeau

MEUNIER TU DORS...

C'est drôle que pour toi, j'ai rien à dire.
J'attends même pu pour ton pas.
J'pensais quand même que t'allais v'nir.

Au lieu de manger tes doigts j'mordrais les miens.

L'homme invisible est parti.
L'homme immortel «pace» le ciel.
L'homme ordinaire lave son drap, fait ses valises et pis s'en va.

Dans le corridor y a personne qui chuchote les mots tristes et pas contents
[des enragés.
Dans les grosses bottines de marche les rats ont fait leux niques.
Émile Nelligan s'est excusé ben avant moi d'être malade. Louis Riel a
[viré fou.

Meunier tu dors, ton moulin va trop vite.
Meunier tu dors, ton moulin va trop fort.

L'indifférence s'est fait un ciel. J'attends pus pour ton pas; même avec toutes les couleurs et les températures du drame, j'arrive juste à mieux négliger le plaisir que t'avais à jouer de tes doigts dans mon ventre.

Au lieu de manger tes doigts j'mordrais les miens.

L'homme invisible est parti.
L'homme immortel «pace» le ciel.
L'homme ordinaire lave son drap, fait ses valises et pis s'en va.

Meunier tu dors, ton moulin va trop vite.
Meunier tu dors, ton moulin va trop fort.

AMOUR

J'ai déjà charché à te rejoindre, sans aller plus loin que la complainte... en marchant mes mots.
Mais je t'ai trouvé, un soir, dans les viscères de la perdrix d'un ami.
J'ai déjà voulu te parler, comme à un frère d'épouvante rencontré dans une cachette, quand le courage était la lâcheté, et que le bebelles placées par d'autres épouvantés plus puissants, nous empêchaient de nous envisager.
Je t'ai reconnu (à peine) quand le ciel m'ouvrait la tête de sa fanfare.
Épeuré par l'idée de l'infini, je t'ai rejoint dans l'écrire, dans la chaleur de la distance apprivoisée, en te touchant l'épaule, sans péché, comme pour toucher la pureté.
Toute l'extase de la rencontre m'épeure et m'épeurera, par l'intensité de ta présence là, et le sentiment précis et sécure de pouvoir y rester.
De ça je suis devenu arbre
je suis devenu table
je suis devenu oiseau
sans me faire prendre par les chasseurs.
Je suis devenu moi, dans l'illusion de t'avoir rencontré, en supposant le contraire et en l'acceptant.

-*Moose Jaw*, 1981

MA SOEUR EST DANS LA LUNE

À Louise

Ma soeur est dans la lune.
Je lui ai coupé les cheveux.
Les gens mentent; ma soeur est très propre.
C'est elle qui fait les marées quand elle se met les pieds à l'eau.
C'est là la portée de ses gestes et les humeurs de son coeur.

Il fallait que je lui coupe les cheveux.
Ses amies avaient pris la mauvaise habitude de les lui tirer
en criant fort d'elle que si l'étoile qui est dans ses yeux
n'avait pas tant d'effet qu'il y aurait longtemps
qu'elles l'auraient lynchée et laissée pour morte
aux faux médecins et aux mauvais marchants.
Les filles entre elles d'ordinaire n'aiment pas les sorcières.
Elles se tiraillent le balai mais ne savent que balayer.

Ma soeur je l'ai mise dans la lune et son coeur de cristal
ne pèse pas ses mots quand elle me tient ses propos de sorcière.
Et son coeur de joie ne mesure pas les éclats de rire
quand je passe ma main sur ses côtes blanches et sous les seins.
Et son coeur de métal me sert d'armure quand les chevaux ennemis
s'assemblent pour me livrer combat au pied de la montagne
qu'elle a mise en feu pour nous fêter.

Quand je dors avec elle, elle passe sa main douce en peine
dans la voie lactée et cela me repose d'être si vieux.
Quand elle se défend d'être mère elle se débat liquide
et se secoue amère et vient vers moi comme une jument sauvage
qui rue et me mord l'épaule et le cou pour que je me retienne.
Et puis après la lutte elle s'affaise et la neige nous recouvre.

C'est de cette façon que l'ont fait l'amour chez elle.
C'est comme ça qu'avec le temps elle a appris à chauffer le froid
comme les graines de plantes sauvages.

C'est ma soeur qui a eu l'idée d'émigrer en formation d'oiseaux.
Elle se disait qu'une fois plusieurs le vent la portera mieux et elle avait raison.

C'est comme pour ses cheveux, avec cet air de garçon elle se fâche élan,
dragues maquereau au grand large et se mire seule près des îles
où les hommes qui ont tout perdu, la guette pour l'attraper.

Ma soeur est dans la lune.
Je lui ai coupé les cheveux.
Et contente elle m'a remercié en me donnant la main.

-*Éloizes*, #9, 1984

Martine L. Jacquot

ROUTE 138

Nous glissons sur la crête des vagues
symphonie de clapotis
vent
et cris de cormorans
nous voguons par-delà les anses et les caps
les falaises et les cavernes
autour des bouées abandonnées
et des rochers immergés
sur la chevelure verte et mouvante des algues
deux taches oranges dans la brume bleutée
qui nous enveloppe imperceptiblement
nos amis rament à portée de voix
coquilles insolites comme des fleurs
fossilisées
au fond de l'anse où nos canots abordent
étincelles de nacre et de quartz givré
joyaux d'un autre temps
affrontement des éléments
confrontation violente des lames à la côte
déchiquetée
nervures des rochers
sculptures millénaires frangées du vert de la fôret

foisonnement de formes indéfinissables
tourment de milliers d'années
de l'autre côté du couchant
les feux du port s'allument un à un
le beurgo de brume appelle et
le phare nous guide
rouge dans la nuit bleue
le pétonclier rentre

les hommes sont fatigués

des noms dansent déjà dans nos mémoires
Cap-Sainte-Marie
Grande-Anse
Butte-Ronde
Anse-aux-Hirondelles
des siècles d'histoire et de légendes
invisibles de la terre où
mûrissent les mûres
fleurissent les verges d'or
embaument les lauriers sauvages

le soir sent le vent frais
et goûte les lèvres salées

-*Route 138*, 1989

LUTTER CONTRE LA NUIT...

Lutter contre la nuit
de l'aliénation
pendant qu'il est encore temps
Chanter nos mots d'amour
avant qu'ils ne soient effacés
des dictionnaires

-*Fleurs de pain*, 1991

Jean-Marc Dugas

LES BALEINES EN ONT MARRE

et qui seront les perdants de la mutation
hissez les voiles
levez l'ancre
donnez à boire aux marins perdus
ne sommes-nous pas tous des naufragés

les amarres de ma lucidité se tendent
vague tendresse
douce ivresse d'une prolifération d'amour
les branches des arbres s'entremêlent
comme les cheveux du poète dans le vent

la loi de la gravité
un chien me mord
vais-je revoir l'ami que j'ai déjà connu
vais-je ouvrir ma porte à tous ces ivrognes
qu'avait-elle cette nuit

pourquoi m'entraîner si loin du rivage
la traversée est longue
quel hublot faut-il ouvrir
pour que mes yeux s'enivrent d'amour

la mort me suit comme une ombre
je la sens proche
dans ma poche peut-être
les câbles s'étirent se tendent
la résistance ne résistera plus encore longtemps
la coque est plus fragile que l'on pense
je ne vois plus les dunes

c'est moi qui m'en éloigne
ou le vent qui les emporte
l'alcool qui nous enivre
trop souvent frappe à la porte
laissez-moi danser

les amarres se déchirent en moi
mon panama lead éjacule de toute part
la pression de mon cerveau se compresse
l'amour me hante et je navigue tant bien que mal
tant pis si j'échoue en enfer

DESCRIPTION DE MONCTON PAR UN GAUCHER

journal
début juillet
Malentrump, on se ressemble on écrit pour nous clamer pour nous calmer.
dans cette ville sans maringouins sans marin-gouines on écrit parce que vivre seul n'est pas une mince affaire ou apprendre à vivre seul n'est pas une mince affaire.

fin juillet
j'ai bien aimé la photo à la une du journal Times-Transcript intitulée «Moose on the Loose». on voit la tour NBTel sous un fond bleu, la rivière Petitcodiac et dans le bas de la photo à droite non à gauche un jeune orignal pris dans les sables mouvants de la rivière. ce n'est pas une image surréaliste mais bien une image régionaliste.
le régionalisme c'est le bout du monde à la portée de la main.

–*Notes d'un Maritimer à Marie-la-Mer*, 1993

Daniel Dugas

ANNIK PART 1

j'aurais aimé
crier
hurler
mais j'ai oublié de le faire

je les sentais jaloux
mais que faire que dire

nous étions punk
nous étions heureux
et nous étions granola
mais qui sait de quoi
les gens qui nous croisaient
pensaient des choses
nous en pensions d'autres
punk
tunk
tonka
qui sait ce que nous étions
qui sait ce que c'est des gens heureux

nous aimions Moustaki
et Kerouac
et sans le savoir nous étions vagabonds

(17 mars 1981)

–*L'Hara-Kiri de Santa-Gougouna*, 1983

LA FORME DE TA MAIN...

La forme de ta main qui m'a pris par-dessus
à l'improviste à l'amour

Ta voix qui renferme l'écho sonore
jusqu'aux falaises où les plaies basculent
de même la texture des rochers
et la douceur des brises fraîches
Je compte dans ma tête les doigts de tes mains incisives
et je rends compte des dialogues incrédules
comme des matières colorantes qui me teignent
pour l'apaisement
La forme et la surprise
qu'ont eu tes mains qui m'ont flatté
La propriété de la lumière
J'aime le rose qu'ont les paupières

Je n'obéis plus qu'aux propos inexacts des voix humaines
Ta voix infrarouge subsiste éperdument
sur l'éclat de l'amour-jais

Les Bibelots de Tungstène, 1989

LES OMBRES PORTÉES...

Les ombres portées pareilles aux descriptions
il se pourrait que la nuit ait d'autres profondeurs
Je reviens au désir en m'y abandonnant complètement
La forme intacte et scellée
et la douceur d'en faire les tours
de plonger de l'abîme à l'abîme
La forme est intacte et douce j'y touche
Je parle à la forme
je suis malléable
Je me fonds à la forme qui me précède
J'ai l'ancienne empreinte pour le chuchotement
et la chose flotte dans la nuit

Il n'y a pas de noyau
seulement une vapeur un lait céleste
qui renvoie les images dures sur tout ce qui est indemne

-*Les Bibelots de Tungstère*, 1989

OCCUPER EN FAISANT PERDRE LE TEMPS

La place du souper dans le jour
La table et les chaises en bois dans la maison
Le plancher craque comme une chanson

Quelqu'un joue de l'orgue de Barbarie
dans la rue
dans la chambre
dans le lit
Quelqu'un explique la vitesee de la misère
et la cause du tort dans la beauté
L'épaisseur de la valse est évidente
dans les bras de certains prétendants
Le plancher de danse est une blessure
Quelqu'un est couché dans l'herbe
et insiste sur la qualité de la chasse
quand les bêtes crient en mourant
quand le sang pisse dans les sous-bois
et que les bois sont enlevés de la tête
comme un abcès indolore
Je connais des champignons le dosage mortel
de la bouche
la langue amoureuse
J'examine le répit de ce qui se passe
à la pêche au printemps
quand tout est nouveau
quand le courant invite la truite
à venir frotter son ventre bleu
contre la rive mousseuse

Le dessin est une explication visuelle

ATTESTER PAR SERMENT

Je vénère les manchots
les borgnes et les sourds
Je souhaite dans la danse des squelettes

l'usage du bon mot
Je confonds la bienséance des salon funéraires
avec le bruit des cafétières
dans les maisons silencieuses

Comment graver dans la pierre
le bruit de l'insipidité
et le rythme des pieds bots
quand je suis assoupis
dans les chambres le long des corridors

Comment se fait-il
que dans le focus
je ne discerne que les fantômes
qu'à l'intérieur de la caméra obscure
le paysage soit plus brillant
que l'image du vrai paysage

Je vénère tout ce qui bouge difficilement
J'ai l'estime des aveugles
des maniaques et vendeurs de crayons

Je jure de lire dans l'avenir
si l'avenir n'arrive plus

-*Le Bruit des choses*, 1995

LA RUE

la rue avait des reflets brillants
visqueux
une automobile passe
un passager lance une allumette
salto avant
la rue s'enflamme
salto arrière
la station d'essence explose
les médias arrivent et tout en attisant le feu
ils décrivent bien la danse des flammes

LE GRAFFITI

une boule de feu illumine la nuit
la route est une rivière noire
l'asphalte se met à fondre
le soleil s'éteint dans le gravier
quelqu'un essaie d'écrire rapidement un graffiti
dans le ciment encore doux

-*La Limite élastique*, 1998

Serge Patrice Thibodeau

LA DERNIÈRE GLOSE, ITÉRATIVE

1.
le déplacement
comme réponse
au mal du siècle?

à défaut d'un pays
le temps
l'emporte.

2.
l'exil
comme remède
à l'anachronisme?

assumer
sa déportation
ouvre grand les portes.

3.
la danse
comme jeu
quand le rythme s'énonce?

autour d'ici
ailleurs que là
nulle part au loin
se vit, s'emporte.
-*La Septième chute*, 1990

MADAWASKA, 1789

I

un soir de lune près de la source
nous creuserons la terre sous le pin
au fond des mains profondes et des plaines ocreuses
nous tiendrons l'intenable
le cintre où fixer l'irréparable
dans nos mais caleuses   nos coupures   nos ampoules
le trésor de l'histoire et l'or écartelé sur un billot
et nous voudrons entendre le choc
le récit expansif de la pelle
la mise à sac du métal sur le roc
de l'accroc   de l'étincelle   du feu
qui achoppent
tout contre l'oubli

II

et nous laisserons mûrir les blés
nous passerons les heures oisivement près du gros pin
oh oui   nous ébaucherons de mémoire un domaine
des clôtures mobiles autour d'un manoir
des clochers torrentiels
aux platins aboutis   aux côteaux sacrifiés
aux plaines capiteuses
dans l'ascension de bâtiments étanches et précoces
le long   le long de la coulée   le long de l'eau
tu bâtiras notre demeure
dans la rougeur illuminée du sarrasin
quand sauvages les bêtes se déchirent

aux fils de fer aux barbelés
aux agrafes souillées des champs

III

et nous écouterons là grésiller les grillons
et trisser l'hirondelle à faire pleurer de joie
au couchant il nous faudra promettre
il nous faudra jurer de ne pas souscrire
aux balafres lointaines
mais de veiller veiller
pour que jamais plus ne reviennent les guêpes
l'affreux hoquet des guêpes
la rumeur des mousquets et des lames
la rouille et l'horreur de l'essouflement
le corps nu fugitif le corps étriqué
la douleur de nuit la folie s'étiolant dans nos yeux

IV

et nous partirons explorer des confins des frontières
nous traverserons à gué la rivière assouvie
comme autrefois
pieds nus cousins mes frères nos pieds blessés
pour venir là faire fortune de terre glaise et d'avenir
tu bâtiras notre demeure là où jamais nous ne fûmes
que par un souvenir
s'égarant avec nous dans l'île rêvée
dévastée par la crue dans nos yeux
que du sable que des herbes sèches
décharnées oubliées dans les vastes branches
d'un grand orme endormi

V

et nous serons éblouis la nuit
par une ancienne lumière
nous l'étranger
à désirer l'enfance et la peur effacée
l'ampleur d'un passé nos cendres prises en otage

et nos vertiges convoités   et le nom   le pouvoir et la clé
des foins   des eaux   des froids
près de la croix de chemin qui fait signe
et fascine
le silence même des familles
aux têtes baissées

VI

et nous imaginerons le jour
l'ancêtre présent sous le pin
ses mains enfouies aux abords de l'étang
frileuses   errantes   isolées
vidées de leur paume et esclaves des moissons
d'un pain quotidien qu'autrefois
que chaque fois on nous arrachait de la bouche
quand sans joie nous accumulions les nausées
rêvant au jour où le feu sec élèverait la voix
le feu tout au fond de la gorge
le feu qui brûlerait la corde
oh là même   oui   tu bâtiras notre demeure

VII

et parce qu'avait sonné le glas
l'image du grand-père à l'écart
délogée par le deuil
et nos genoux rugueux sur le prélart et nos mains
nouées par la tristesse du chapelet   nous rustres nous
transis d'inquiétude et blasphémant par le doute infidèle
quand passait dans la nef le chant
le refus d'un éloge de l'orgueil
nous attendions   qu'attendions-nous?   je ne sais
je ne l'ai jamais su mais   oh Dieu   comme j'ai attendu
et mon attente depuis mon attente me tue

VIII

et nous avons su épeler notre langue
et pourvoir à l'espace clouté
entre les lettres du mot liberté
fini l'âge fol où nous pouvions débouler l'escalier
mais le rêve naît sans âge   le rêve n'était
que fatigues   que fracas   que mirages fanés
ailleurs nous allions   scapulaires   images versées
dans le sang de novembre
au fond de l'étable   nous passions
le long des murs de planches disjointes   noduleuses
et d'entre les fentes sinueuses s'échappait notre ombre

IX

et nous délaissions les murmures fauves des grands
parlant tout haut de gravir
le pointu
de là-haut notre envol   notre voix
notre vue rendue   nos visages clairsemés
nos fragments de guenilles   nos grabats d'évangiles
sans retour   jamais   sans autre départ que la faux
dans l'air suffisant sa décharge
sans autre défaut que le souffle coupé
inversé dans sa chute   la parole éphémère de la scie
et sournois le silence   la fôrêt à l'affût

X

et nous étrennerons les marges des contenances
de ceux-là que reviennent
nous voudrons vous séduire dans nos manières nouvelles
d'être comme vous autres   et d'être autres
à la fois émissaires et sillages d'avenir
et nous l'étranger   nous bâtirons notre demeure
sur nos songes de flammes   d'orages
sur les pierres affaissées de nos grands cimetières
nos eaux   nos poussières ne défileront plus
oh non   et plus jamais l'exil
et plus jamais contre nous la démence du mépris

XI

et nous témoignerons près du prunier
nous écrirons pour vous au soleil   recueillis
offrant des mots et des messages   des échos
que vos yeux retiendront
l'aumône qui plaira à l'oreille du vent
passant parmi nous un matin du mois d'août
massif   démasqué   sain et sauf
et sublime et splendide reflet
de nous l'étranger   debout   près du fleuve
où trône la mémoire
dans la clarté du repos

XII

et nous saurons que le temps est venu
de repenser les lois de l'accueil   et de ne plus renier
le lien entre l'oeil et la main
malgré la pluie   malgré les pleurs
malgré la plaie sur la hanche de l'aïeule
nous voulons ne plus jamais nous sommettre
aux déchirements de l'espace   ne plus jamais permettre
imprécise dans la fuite des jours
l'implacable   l'illusoire prophétie
de notre éparpillement
car de nos propres mains   oui
nous bâtirons notre demeure

–*Nous, l'étranger*, 1995

Monique LeBlanc

LA FIN DU FILM

La fin du film
pour ne pas devenir ton écran
pour ne pas m'y coller comme une ventouse

en mal d'amour
je pense au dessin que j'ai vu plus tôt

à la fois avion et sous-marin
signé de jaune et taché de rouge

je songe au dessin que j'ai cru plus tôt
son emplacement,
circonflexe entre deux têtes d'amants
lèvres inférieures caféinées
ils en sont à leur troisième nuit blanche,
leur quatrième journée délicieuse
l'un avion, l'autre sous-marin
comme la fin du film

génériques de circonstance.

PARC PORTUGAL, LOIN DU CONTINENT

Quinze pigeons
pour mes quatorze minutes à perdre
à tort et à travers le roucoulement
sans prétention
d'une petite bête parmi tant d'autres
et j'ai l'impression qu'on s'adresse à moi.

le jeune homme aussi
plus laid que beau qui s'allonge sur un banc
à l'affût et à l'écoute
des veilles dames qui, comme des pages d'histoire
avec sac à main, passent sur la plume et le duvet
en souvenir des temps volages

c'est le sublime langage et
le terme d'affection
entre l'oiseau et l'être
et j'ai l'impression qu'on s'adresse à moi.

–*La poésie acadienne 1940-1988*, 1988

Mario Thériault

LA TRILOGIE DU SABLE

-I-

Au bout du stationnement
un champ de sable
le plus grand endroit que j'ai vu
ces galets
malléables scalps ocres et humides
annoncent le champ
plus plat qu'une baie glacée

à jamais humide
et ondulé le sable
il renvoie des acoustiques respectueuses

en retournant sur mes pas
la marche
s'est faite
plus
longue

je ne me suis pas retourné pour le voir le champ de sable
je l'avais gardé dans ma tête

-II-

le sable
je le force
pour te retrouver
j'esquisse la parfaite équation entre tes rondeurs urgentes
et la sensualité sur laquelle je repose

j'évolue sourdement
je néglige les canettes
de bière rouillées
d'une autre sorte d'été
je prends refuge dans ton alcôve et je fonce
vers ta régularité de flot

je suis en toi
nectar
maritime
de mon désir
même si j'étais à cette heure dans la ville
je me serais greffé à tes sueurs de seins
sournoise motivation
au quai de la nuit

dans le sable
à chaque jour
je passe
et repasse
le ciel sans fin
que je plie et range
contre les teintes
de notre ruralité

et je roule dans toi
dans la myriade de facettes qui te composent
jusqu'à l'écriture
de ton humilité

-III-

enfin je sèche
l'illusion de mes frontières
de ma mobilité

je conduis vers cette Baie de Fundy qui me protège
pour dîner dans un restaurant aux gris clients
dans le serein bonheur de la soupe chaude
des petits pains d'usine

en sortant
le sable s'envole dans mes yeux
l'irritation est salvatrice
elle me permet d'inclure le sable
dans ma compréhension de la norditude

sable frais de la baie automnale

-*Échographie du nord*, 1992

LE MÊME CHEMIN

ce soir-là
ma rue égale la somme des poubelles
et des voitures
du soir dominical
les arbres mi-squelettiques
tous colorés
donnent cette lueur d'atmosphère
d'un hiver bientôt
faisable

au bout de ma rue
juste après le Miracle ouvert jusqu'à minuit
ce même chemin est sinueux et de terre
il se faufile dans des buttes de lumineux feuillus
les bocages tranquilles sommeillent
les deux bouteilles vides de whisky
contribuent aussi à l'environnement

l'humidité en suspens
n'insiste pas

le trottoir à qui je parle
les voitures qui s'enlignent
les piétons qui écrasent
leurs propres ombres
ce trottoir comprend
que même si deux descriptions habitent ma rue
elles se connaissent

elles se superposent simplement
comme une nappe de bière
sur une nappe de table
sur un indifférent dimance
de bottes de cowboy et de distance

-*Vendredi Saint*, 1994

Martin Pitre

UNE DUALITÉ CONTESTÉE PAR LE GÉNITAL

le printemps s'est fait téter.
cet été embryonnaire dégouline en pluie de centre enneigée dans le ciel. tu es au bout du fil. le téléphone est castré. on ne se parle pas.

j'arrive, cogne, m'ouvre la porte et rentre chez moi. quelle belle humeur plane ici! un sourire dans l'eau de l'évier sèche mes anciennes larmes.

il ne faut pas pleurer : demain on partira.
on ira chercher quelque chose de neuf pour se moucher dans-dessus. tu as le choix : tu peux venir avec moi, ou je peux venir avec toi. moi, ça ne me fait aucune différence. par contre, toi, tu n'es pas d'avis. tu dis — non, tu ne dis jamais rien, mais n'empêche...— que la saison n'est pas à l'obligation et que moi, je t'oblige à rire.

et tu es tristesse sous le costume.
à nu, ton corps me dit sa peine. et je le prends, le plie en quatre, déchire tes formes apeurées et te déplie. tu es quatre petits sexes de papier ligné, avec toute une généalogie de mutations écrite dessus-dedans.

tes seins et ton pénis, en exergue, braillent une dualité contestée par le génital. que feras-tu en automne? tu mettras ta brassière dans une capotte et la jetteras en l'air comme une prière d'hérétique pour un dieu d'absence.

hey! je ne me vois plus.
j'aurais pourtant dû m'apercevoir que, durant tous ces paragraphes, c'est non plus moi-je qui écrivait, mais plutôt une envie. et cette envie de pisser est partie pleurer dans l'urinoir au fond.

il y a des yeux qui marchent derrière mon allure. ils sont beaux, brillant, dans l'atmosphère d'ébène du club. c'est une marionnette de procelaine qui joue avec un cube de rubick. elle s'attise et fait fondre l'hiver. le poème coule son encre sans pouvoir trépasser dans sa douleur.

-*À s'en mordre les dents*, 1982

HORS-TEXTE

ne dis pas cette perception des ronds dans l'eau
il faut marcher droit
ces lois
qui font tomber tout ce qui monte
ces regards immédiats
à l'ombre des je-t'aimerai-toujours

il y a du jeu pour le hasard possible de ton désir
désirable ta peau
de jeûner à tous vents les souffles chauds
sur ton corps désiré

viens
je suis un élément de la chaîne télévisuelle
on me câble
on me zape
on me superpose sur des images de blocs de béton
qui tombent des bouches d'égout
comme des baisers de violeurs
aux tables se trouvent des idoles de rouge aux lèvres
et de femmes à poil sur les pare-chocs

je suis dans le possible
en dehors de ce qui existe de l'avis des censeurs
des bien pensants
des richards constipés qui bouffent de la paix sociale
avec leurs manigances paranogènes
en prétendant ériger une société de droits
de
lève-la-main-pour-pisser
lève-la-tête-pour-sourire

pauvre contribuable
de je-me-fais-fourrer-
mais-c'est-pas-grave
j'ai le condom

et la poésie?
je n'ai pas l'habitude de penser
au préalable
pour savoir si j'ai faim
Monsieur le justificateur

quand j'ai faim
je mange
tout ce que je trouve au chômage
du surgelé
du suremballé
qui vous cholestérolise le cochez-oui-cochez-non
et couchez-vous moins ignorants
après les nouvelles de 23 heures

tes yeux 100 pour 100 baise entier sont inadaptés à ce qui se passe
à CNN
à Newsworld
dans tous les papiers-merdes rotativo-numériques
qui dépècent l'horreur
en une marche militaire
de petits fours
juste bons à éviter que le taux de suicide
ne rejoigne celui des bénéficiaires de l'aide sociale

je fourre ma main dans votre braguette
Monsieur quand vous écoutez Madonna
de la main droite
et Chrétien
de la gueule croche

et la poésie, hein?

je suis aux mots
j'appartiens aux mots

ensuite
aux idées que je me fais
des paradigmes de la semblance
et des syntagmes du non-dit

j'écris
a posteriori
politicorrectement   si possible
avec tout-ce-qu'il-me-reste-d'humain-de-merde

je n'ai d'humain
que la haine
je m'excuse
je me donne ce droit
je m'exonère
si je le veux

les chiens ont la rage
moi j'ai la haine
votre haine
        de l'imperfection
        de la déviance
        des cris d'angoisse
        de la tapettitude
        des manchots
        des culs-de-jatte
        du sang sur les cadavres

vous
qui déplorez qu'on n'ait pas encore découvert
        le moyen de faire souffrir
sans que ça paraisse

gosh! que c'est dégueulasse la détresse
les effets sont mauvais
change de chaîne

je ne suis presque plus humain

je suis un mutant
une morue bipède de la zone érogène
qui a péché, repéché et surpéché
et qui aime ça!

je ferme ma gueule
et j'essaie de ne pas faire de bruit
quand j'avale

–*La Morsure du désir*, 1993

Anne Cloutier

LETTRE ÉCRITE D'UNE CABINE TÉLÉPHONIQUE

S'effectue la reconnaissance des intonations
malgré les parasites sur

COMME LES CHATEAUX DE SABLE CACHÉS ENTRE
like sand castles hidden between the edge
L'ASPHALTE ET LE TROTTOIR RAUQUE/Fonte/
of the sidewalk and asphalt scratching/
BRÛLANTE/MOUVANCE —— CREVER LES FLEUVES
melting/burning/flow —— opening midnight
DE MINUIT LES ROSEAUX MES TRESSES BRUIS-
rivers tall grass twined to my hair
SANTES LES MAINS À FENDRE LA LENTEUR
rustling hand searching slow waters
DES EAUX ENFLURE DES CHAIRS AU LIQUIDE
rising to brush liquidity : flesh burying
FROTTIS J'ENFONCE LES JOUES AU COEUR

la ligne. C'est avec précaution que
j'ausculte votre voix, car je

désirais effacer toute trace de ce que
vous avec déjà ainsi entendu,

cheeks in furs murmuring of another era's
DES FOURRURES CHUCHOTEMENT DES MUSCS D'ANTAN
muscs and walks through bare leathered
DE GRISES TRAVERSÉES D'ARBRES NUE ET ENCHE-
trees light : a prismic fall sunday
VÊTRÉS LUMIÈRE : CHUTE PRISMIQUE ÉBLOU-
blindness and silver afternoons warm
ISSEMENTS DU DIMANCHE ET APRÈS-MIDI ARGEN-
wind licking/cat's tongue in the burrows
TÉS LÈCHE UN VENT CHAUD/LANGUE DE CHAT
of my neck like blood tracing tea parties
AUX SECRETS DE MON COU COMME LE SANG
in the snow blood : stained etymology of

vous dire, enfin, combien. . . Je m'offre à vous

en toute sincérité, contre-citant ces paroles
d'un autre dont vous ne

ESQUISSE DES CARNAVALS SUR LA NEIGE SANG :
of my thighs my womb or the engraving of
RETRACER PAR LA TACHE L'ÉTYMOLOGIE DES MES CUIS-
your journeys and which the verso which
SES MON VENTRE OU LA GRAVITÉ DE TES PAR-
the envelope desiring to betroth the hea-
COURS LEQUEL LE VERSO LEQUEL L'ENVELOPPE
vings of you silences is love you pas-
DÉSIRANT COURTISER LA NOCE DE TON SILENCE JE
sionnément à la folie en tempête zébrant
T'AIME PASSIONATELY À LA FOLIE AS
la chaleur d'août en sucre filé à ma
TEMPEST STREAKING THE AUGUST HEAT AS COTTON

sauriez entendre le nom. Que me répondriez-
vous si je vous demandais de

plonger dans le texte comme on plonge dans

peau autant de lignes de voix que celles
CANDY SPUN SWEET TO MY SKIN AS MANY LINES/

dont me parlent les feuilles qui te sont
VOICES AS THE SHEETS ADDRESSED TO YOU STREWN
adressées et jonchent le sol autour de
ON THE FLOOR AROUND ME SPEAK OF ALL
moi toutes muettes toutes parlant d'un
DUMB ALL SPEAKING OF A SAME LANGUAGE PEERING
même langage percevant multitude de
MULTITUDE OF TONGUES WE HAVE YET TO SPEAK
langages que nous aurons à nous parler

le corps de quelqu'un pour la première
fois? Ou vice-versa.

-*La poésie acadienne, 1948-1988*, 1988

Judith Hamel

IL Y AVAIT

L'affiche scintillante de Blue Zone derrière le bar
La Moosehead qui m'irritait la gorge
Les skinheads qui grattaient le suède de mon manteau
Love and Rockets qui bourdonnaient dans mes oreilles
Guy qui roulait et déroulait
Son billet d'avion pour l'Europe
Les Winston qui remplissent mes narines
D'une odeur de plage
Un verre de vin blanc qui dégoulinait sur mon pouce
Une table trop petite pour six
Un Français frustré de ne pas gagner à la machine Joker
L'éclairage rouge sur la piste de danse
La sueur sur mon corps après The Cure
Mon foulard de laine piquant
Ces gros nuages dans le ciel
Cette moto figée dans le sol

Un escalier vide et une porte lourde
Un silence et une chambre claire
Une odeur qui s'estompe dans l'appartement
Il y a une absence qui remplace le réveille-matin

LA TÊTE AILLEURS

Une illumination
Comme une illumination

À genoux devant tes doigts qui s'agitent
Les vibrations de chaque muscle de chaque doigt
Il y a un millénaire
On m'aurait brûlée
Pour avoir ouvert cette porte
Où tes doigts se réfugient maintenant

Sur le piano
L'envie d'y laisser tomber ma tête

-*En chair et en eau*, 1993

Paul J. Bourque

PAYSAGE

Ceci est la lecture incertaine du paysage qui nous divise. En capsule de bleu faisant tourner la terre. L'horizon se manifeste comme une miette d'information nous parlant du futur. Sur la plage de ton inconscience, l'herbe marine tremble sous le vent tempéteux, se hérisse et s'active. Son mouvement dessine un trajet illisible, créant des hiéroglyphes verts, vert-jaunes et bleu-pâles. Le sable les couvre et les recouvre comme si on avait dû les comprendre en une fraction de seconde. Le centre d'énergie de cette région est sans point de repère : il est reparti dans l'équilibre immédiat de l'essence de ton âme.

-*La poésie acadienne 1948-1988*, 1988

CONSTAT

je te vois ambiguë. sans façon évidente. subtilité qui me tourmente. vide de points de repère. j'écrase sous le poids de tes yeux. vert émeraude. couleur surnaturelle. ton regard perçant me traverse. m'énerve. j'allume une cigarette pour occuper mes mains. pour ne pas crier je pousse mes poumons jusqu'à ma dernière mémoire. le son de ta voix est enregistré sur les blancs de mes cassettes. je ne veux pas t'aimer. la nuit tombe bruyamment. ne s'arrête pas. tes yeux sont encore ouverts et perçants. les miens remplis d'appréhension. tout cela par peur de rejet. avant on me disait que c'était de la pitié. maintenant c'est une phobie. telles sont mes émotions. monstrueuses. ça ne me donne plus rien de fumer cette cigarette.

-*Lèvres urbaines*, #17, 1987

Frederic Gary Comeau

TABLE MOUVANTE

vent de Seine ou vent de scène
confusion qui porte à nos délires
d'Amérindiens britanniques perdus
dans le Râ et le Rasta

nous
sommes
tous
amphibiens

RETOUR

je suis retourné
ce matin à la maison de mon enfance
pour y retrouver mon impatience pour y
retrouver mon impuissance mon indulgence mon
innocence

j'ai encore des choses à raconter j'ai
encore le délire le désir mon point
de mire à échouer je me donne à
ton cauchemar d'imprudence
et tu me refuses

-*Stratagèmes de mon impatience*, 1991

ABSENCE

La perte de vos yeux
me rappelle que la peur existe
que l'humanité devra encore choisir
qu'il ne reste plus de place
pour les erreurs

je ne connaîtrai jamais
les ombres qui traversent votre corps
l'immensité l'incertitude de vos gestes
de votre voix chuchotante me
venant d'Afrique d'Amérique Latine
d'ailleurs d'un coin de pays isolé
d'où vous ne voyez pas l'éclipse
le temps qui nous incite
à vivre cette douleur
vous comprenez
votre absence est mon ivresse
et demain
je mourrai saoul
seul dans la mémoire
de votre voix

-*Intouchable*, 1992

DÉCHIRURES

j'ai passé tout mon temps
à injurier l'époque
ses musiques et ses refrains
je n'ai jamais pu codifier
nos transgressions
réinventer nos déchirures

ROUTE

pour mon père

j'erre dans les méandres du mot mémoire
les images de la route à l'aube
s'immiscent autour de mon désir d'apprendre
toutes les chansons de Hank Snow
la première trame sonore
de mon goût de la fuite
avec ses histoires de trains fantômes
il m'a livré le continent
ses fièvres et ses énigmes
le côté sacré de la mouvance

-*Ravages*, 1994

INTENSITÉ

je ne cernerai jamais l'intensité de ce désir
d'errer sur ton corps comme ces reflets nocturnes
vacillant entre tes joues et tes lèvres
ton cou en attente de ma bouche fertile ardente
nous vivrons si vrais dans nos corps
devenus des graffiti du vertige

-*Trajets*, 1996

HIVER

l'hiver avance et ma mémoire me trahit
dans l'abondance de neige et d'ivresse
en était de transe en attente d'images de cendres
à l'écoute de voix dévouées comme je ne le serai
          jamais
dans mon petit lit dans ma petite chambres dans ma
          petite vie
dans quelques jours ce sera Noël
et je resterai là où je suis
contemplant ce corps et ses silences
suppliant mon esprit de me rappeler
à quoi ressemble un cri

-*Routes*, 1997

Christian Brun

MÉMOIRES DE PRÉ-RENAISSANCE

bourgade aux yeux d'un ancêtre lointain, mauvais souvenirs, résultats d'erreurs coûteuses pour l'un, cadavres encore pleins de sang tiède pour un autre, le désespoir revêtu d'or ne polit ses lingots qu'aux pôles, eux-mêmes peut-être des cadavres bientôt gelés par la pudeur et l'ambition, les presque morts se sont déjà rassasiés, observateurs du doute, craignez si ça vous amuse, pourtant, une toune rappelle, des cuillers claquent, les sabots tripotent, un violon crie, un vallium se lit, un jeune grinche, un bateau coupe le Détroit de Northumberland, l'orateur atteste, affirme et lance la réplique avec le gisement d'un javelot, la page 107 braille, la prochaine console, la troisième coupe l'érable pour fider le poêle à bois, la toile médite l'actuel et tricote l'outre-tombe, les yeux soupirent tandis que les lèvres soufflent l'hymne, pas de l'Avé tout le temps : du delta, du réveil pis du monde qu'on connaît... à notre manière : s'achèvera la naissance d'une postérité à l'aube du dernier ruissellement, d'une dernière voix qui le répète; tiède, peut-être... je le doute, le sang coule jusqu'à la dernière mémoire qui les retient...

941017
Athènes

GALVANIE

l'amertume sanglotante se dévide du plus profond mépris, le bassin mérite la fondation d'un dévoilement ténébreux, je m'émerveille devant la tristesse d'une vallée seule, absence de voisins conquérants, le ciel fume la pipe du froid d'automne préparant ainsi le cloisonnement d'un été disparu, quand s'élève la gloire du durcissement retombe l'orgueil d'un monstrueux cirque organisé, pensées inflammatoires, pusillanimes comme le mot lui-même peut l'être, ruisseaux cherchant un couloir pour ramper, l'atterrissage grandiose, encore une fois, l'immensité de sa grandeur comporte un destin et une finalité démesurée

940929
Pyrénées

Tremplin, 1996

COMPOST

«j'ai planté partout mes jardins d'absence
il y pousse parfois des fleurs inattendues
blanches surtout
tiges longues,
je ne sais qui les a cueillies»
-Léonard Forest

le pays que je charrie,

je le nommerai
mama mia
chiac qui craque
right on pis so what
le pays d'étrangetés et d'étrangers
comme si je tranchais ma propre brise

le pays que je charrie,

je le porterai
dans mes rides
sous ma première layer de peau
dans le vino entre la bouteille pis l'orifice
de mes babines
- glou glou to you
dans le café que je grind de saveur
au bout de la langue - watch toi ça coupe
entre les traits d'syndiqués
de mon expression mesquine quand j'la sors
dans mon badjeulage
entre les gouttes d'ice cream qui coulent
sur la terre des premiers arrivés
dans mes images
de Pierre,Vincent pis même du Chevalier

le pays que je charrie,

je le dirai
à ceux qui font pitché autant qu'aux orateurs tannants
(dans le fond ils s'éliminent au dernier calumet)
à la mer en l'air
aux porteurs de flag pis aux je-care-pas
au mal dans la bouche pis aux biens dans l'assaut
aux croches pi aux passifs
aux oxy-gènes pis aux suffoqués
au vent qui waque

le pays que je charrie,

je pense que je l'ai vu
dans la poussière sous le tapis d'une gravure

-*Hucher parmi les bombardes*, 1998

Marc Arseneau

MÉANDRES DE LA NUDITÉ

nous naissons
nous improvisons
à démesure
ce sanctuaire comme au temps de Baudelaire
une lettre à la mer
se décalque sous les limbes
d'une certaine lumière
où je retrace aux abords
les origines de ce lieu
déportées till the end of the night
notre visage se précise
transvesti en mémoire
fragile

-*À l'antenne des oracles*, 1992

AU SAULT

à Aline Bertin

nous ouvrons la porte
au lieu des possibilités
de toucher tes cheveux
les brindilles d'herbes en feu
à la rive de tes hanches
à la ligne de ton dos
je sors avec toi
au sault voir
les tourbillons de l'eau
nous descendons
la colline enneigée
les pieds attachés
aux raquettes

pour empêcher nos chutes
je t'offre la main
au doux bonheur de voir
l'union avec le sault
le son de la chute saisit
notre apaisement
dans l'incarnation
qui défile
entre bois
entre toi
et moi

À OTTAWA EN PONTIAC

à Léa Privat

je suis un revenant
déporté au présent
pour livrer la marchandise
du bateau en feu
enfiévré par tous les voeux
pour la mémoire du lieu
où les corps connaissent
les émeutes et les irruptions
de l'amour et de l'émotion
se cyclonent dans l'échange
du calumet allumé entre
la pouponnière et le cimetière
à l'hotel des éternels
à l'ouvrage d'une esquisse
la nuit se glisse
noircie de rose lisse
à l'éclat métissé du soleil
au fond du désir
à l'intersection mobile
de la luminescence virile

-*L'Éveil de Lodela*, 1998

Paul Bossé

INDICES INVOLONTAIRES

Il faut
se concilier à l'idée que nos os
ne nous appartiennent pas

Mais quand même
j'espère que mes fossiles ne me trahiront pas
que mes péchés
mes défauts,
mes secrets,
mes arrières-pensées
seront illisibles
sous la scrutation microscopique des
paléanthropologues de la
prochaine mutation

INTERURBAIN MOLÉCULAIRE

Mes ancêtres communiquent avec mes os
via interlink
génétique
Sous les cendres de mon avenir
la recette se propage
les tissus se distribuent
mes veines s'amplifient
ma mère
mon grand-père
mes arrière-grand-parents
et une infinité d'autres encore
chuchotent dans mon sang
et coagulent dans ma mémoire
Voici le refrain insistant qu'ils me répètent :

A ntérieur
D édoublement
N ostalgie
Comme quoi l'hérédité est un invité qu'on ne peut ignorer

ÉMULSION VOLCANIQUE

le coq chante
le soleil se lève
les gens baillent
ils ouvrent leurs paupières
et voient
à chaque matin
le fulgurant Vésuve
planté là, à côté de leur Pompéi
comme une sentinelle qui n'a pas
prêté le sermon d'allégeance

Un beau jour inévitable
la montagne bélliqueuse
a perdu son tempérament
et s'est mise à vomir des injures visqueuses
sur la ville téméraire qui a osé
s'approcher d'elle

Comme un Polaroid primitif
La Vésuve a capté
et les gens
et les coqs
et les fresques
et les urnes
et les larmes
et même les rayons de soleil
sur le vif
transformant, de façon instantanée, Pompéi
en un musée de statues de cendres immortelles
qui auraient fait baver d'envie Rodin

-*Un Cendrier plein d'ancêtres*, 1999.

Jean-Philippe Raîche

LE MASCARET MONTANT

Le Mascaret montant
Entre gelées de ciel

Le Mascaret montant
De la terre à la nuit

Sur les neiges cielées
Qui s'étendent aux mots
Monte le Mascaret
Même à nos mots de juin

Monte le Mascaret
Sauvage dans l'argile
Moisissant les moissons
Sur les bancs de boue tiède

Monte le Mascaret
À nos envies d'hier
De la terre à la nuit
De la mort à la terre

Monte le Mascaret
Au milieu de nos villes
Raconteur d'été
À nos digues vaseuses

Berges de branches nues
Monte le Mascaret
En s'ombrant de grisaille
De brisures de feuille

Monte le Mascaret
Monte le Mascaret

Le Mascaret montant
À nos moissons d'argile
Le Mascaret montant
Sur nos bouches tièdes
Sur nos envies d'hier

Nos promesses d'exil
Le Mascaret monté

Le Mascaret montant
Entre gelées de ciel
Le Mascaret monté
De la terre à la mort

De la mort à la mer
Le Mascaret montant

Monte le Mascaret
Monte le Mascaret

-*Éloizes* # 16, 1991

C'ÉTAIT UN SOIR...

C'était un soir de mi-novembre
il y a longtemps
bien avant les Weldon
et les Somerset blues
je vous avais legué
ma violence secrète
alors que vous rêviez
des landes océanes
aux îles innocentes
où nous n'irions jamais

Souvenez-vous
nous n'avions pas vingt ans
mais l'urgence de vivre
et nous ne savions pas

que chaque homme se meurt
dans la mémoire de l'autre

C'était l'hiver
il y a longtemps

-*Éloïzes* no 20/21, 1994

Marc Poirier

AVANT DE ME NOYER

si j'avais un bateau
je partirais naviguer
pour t'écrire un poème d'amour
avant de me noyer

si j'avais 20 piastres
je m'achèterais
deux bouteilles de vin
pour t'écrire
le plus wild des poèmes de la ville
avant de me noyer

si j'avais le temps
je t'écrirais
un poème
qui te dirait tout
pour que j'aie plus besoin d'écrire
avant de me noyer

PARKTON À ROBINSON

Parkton
à Robinson
100 milles à l'heure

et la vitesse augmente
entre le Kacho
pis la Botsford
sous les poteaux de lumière

la musique bouge
les idées crient
et les mots s'enchaînent
comme des jurements d'ivresse

Ayakaya
Ayakaya
et la vitesse augmente
parce qu'on se laisse pas arrêter
juste au cas où
on pourrait pas
recommencer

-*Avant que tout' disparaisse*, 1993

Mario LeBlanc

REVERB

j'ai rêvé un rêve
un rêve fou
un rêve grammaticalement fou
on marchait la tête haute
dans une ville bien lignée
on marchait comme des virgules
qui sautaient à la bonne place
dans les phrases
on marchait comme des points
qui terminaient chaque paragraphe
on vivait en accord
avec le sujet de notre vie
on vivait dans un mode

on vivait dans un temps
conjugué à l'auxillière être
dans une ville
de LeBlanc
de Cormier
de Gallant

je suis
tu es
il est

nous sommes...

UN SON QUI VOYAGE

un son qui voyage
d'un espace à l'autre
me rentre dans une oreille
et sort par l'autre
la mélodie me reste dans la tête
elle ne sort pas
elle reste stuck dans ma cervelle
c'est une mélodie si belle
qu'elle doit faire la guerre pour sortir
pour naître dans le monde
qui la joue et l'écoute
que c'est remarquable ce son qui voyage

-*Taches de naissance*, 1999

Éric Cormier

RIGOLETTE

Porte cinq chandails
et personne ne verra
tous les os de ton corps

ah! comme je me suis dit ces phrases
quand j'étais jeune
ah!
comme j'ai eu chaud.

TEMPS DES MOISSONS

Je cueille des larmes
j'écris ton nom tremblant sur cette feuille
des lettres à n'en plus finir
cette envie de toi
cette réalité pudique
et ce manque d'affection
je n'ai que deux misères
entendre ta voix
et réussir à t'aimer.

CES YEUX COULEUR OCÉAN

Je t'avais pris en photo contre le tapis

essuyer tes mains sur un train de marchandise
poser un voile sur ton visage
éteindre cette
lumière hémophile
et puis descendre au sous-sol

frapper sur ligne à haute tension
inviter quelqu'un à danser
en pleine ville

mastiquer sous ton masque
cracher dans l'autre monde
regarder tomber sans effort
parler au silence
puis lancer un cri vers l'inconnu

–*À vif tel un circoncis*, 1998

Cindy Morais

EXTASIE

La chaleur étouffante
la sueur de nos deux corps étendus
sur la surface de plastique
provoque l'envie de se faire avaler
par la lune

SENS UNIQUE

à Marilou Savoie

y'a rien qui se passse
ça sent la nature morte

DEMAIN

ce matin
j'ai vu mes pieds
accrochés
aux étoiles
j'ai vu mon visage
noir et ma peau
blanche
le silence a voulu
transpercer
la nuit si délicate
hier j'ai vu
mon corps fondre
de désir
réflexions enchaînées
abattues
idées morbides
cachées
derrière les buissons

ou la nouvelle vie
y était
plusieurs personnes
étaient vêtues de leur
habits de naissance
ils essayaient de fuir le présent
pour brûler l'avenir

-*Zizanie*, 1999

Christian Roy

LE DIALOGUE DU BEATNIK

I

(word attack)
je fume ma cigarette
(retract - out of tact)
le temps passe
yaaaahh...

Mon pouce se crampe
je tombe dans une voiture
dans l'ivresse d'une conversation

des kilomètres en délire et de l'inspiration

II

Je m'endors au volant de ma jeunesse
sur la route
«the owl» à la main

je me chuchote un air de jazz
dans le rythme de la nuit

Miles dans mon coeur
à 2 heures 23 du matin

c'est l'heure de respirer
sur la route
je fume ma vie

la pavé vibre sous mes pas
à l'approche du millénaire
adviendra la démission
du missionnaire illusionaire
que je suis devenu

mais ce n'est plus
comme c'était
quand le premier venu
l'a fait de loin.

III

Sur la route,
dans la nuit blanche
mes idées noires

s'en vont soudain
en direction
non de Denver
non de Mexico
non de San Fransisco

mais en direction de Bathurst,
aujourd'hui,
beatnick sur le pouce
sous la pluie
en Acadie.

L'ACADIENNE

Je ne comprends ta langue
que lorsqu'elle tourne
autour de la mienne.

-*Pile ou face à la vitesse de la lumière*, 1998

NOTICES BIO-BIBLIOGRAPHIQUES

Poète et critique d'origine québécoise, **Claude Beausoleil** est professeur au Collège Édouard-Montpetit depuis 1973. Il a publié plusieurs articles sur la poésie acadienne et préfacé une réédition de *l'Evangéline* de Longfellow. Il a préparé des anthologies de poésies de la francophonie: *La Poésie suisse romande*, *Montréal est une ville de poèmes vous savez*, et *Les Romantiques québécois*. Il a reçu les insignes de l'Ordre des francophones d'Amérique et il est membre correspondant de l'Académie Mallarmé. Chroniqueur de poésie à *Estuaire* et *Nuit Blanche*, il est directeur de la revue *Lèvres urbaines*. Il a publié de nombreux livres dont *Le Motif de l'identité dans la poésie québécoise*, *Grand Hôtel des Étrangers*, *Le Chant du voyageur*.

En plus de son travail d'écrivain, **Gérald Leblanc** a été critique littéraire et chroniqueur culturel à la radio et à la télévision de Radio-Canada, en plus de collaborer à divers journaux et revues, tant en Acadie qu'à l'extérieur. Il a également donné de nombreuses conférences sur la poésie acadienne en Amérique du Nord, en Afrique et en Europe. Il est présentement directeur littéraire des Éditions Perce-Neige.

Arsenault, Guy. Poète et peintre, Guy Arsenault est né le 21 février 1954 à Moncton dans le quartier acadien de Parkton. Il publie *Acadie Rock* en 1973 (Éditions d'Acadie; édition revue et augmentée en 1994, aux Éditions Perce-Neige) et par la suite, il produit à compte d'auteur une série de plaquettes de poèmes et de dessins. En 1988, il fait paraître *Y'a toutes sortes de personnes* (Michel Henry Éditeur) et en 1997, aux Éditions Perce-Neige, *Jackpot de la pleine lune*. Guy Arsenault vit à Moncton.

Arseneau, Marc. Né le 6 avril 1971 dans la ville de Moncton entre la track de train et le marais. En 1992, il fait paraître *À l'antenne des oracles* aux Éditions Perce-Neige. En 1998, aux mêmes éditions, il publie *L'Éveil de Lodela*. Instigateur de plusieurs soirées de poésie, il dirige la revue acadienne de création, Éloizes. Il a également signé des textes de création et de critique dans plusieurs revues, tout en donnant des lectures-performances en Acadie, au Québec, en Ontario, aux États-Unis et en France. Marc Arseneau vit à Moncton.

Bossé, Paul. Né le 6 octobre 1971 à Moncton au Nouveau-Brunswick. Il a publié des textes dans les revues *Éloizes*, *Satellitte* et *Vallium*. En 1995, il a écrit, co-réalisé et co-produit une mini-série de science-fiction folklorique nommée CHEPA. Il prépare présentement un recueil de poésie intitulé *Un cendrier plein d'ancêtres* (Éditions Perce-Neige, 1999) et une nouvelle série télévisée intitulé *Lunatiques* pour la chaîne TFO. Paul Bossé vit à Moncton.

Boudreau, Eddy. Né le 4 mars 1914 à Petit Rocher au Nouveau-Brunswick. Éprouvé très jeune par la maladie, il passe les derniers quinze ans de sa vie à l'Hôpital Saint-Antoine de Québec. Il publie deux recueils, *La Vie en Croix* (Ateliers de l'Institut Saint-Jean Bosco, 1948) et *Vers le Triomphe* (Le Quotidien Ltée, 1950). Il est décédé en 1954.

Bourgeois, Georges. Né en 1954 à Grande-Digue au Nouveau-Brunswick. Il est pêcheur de métier. Il a publié *Les îles Fidji dans la baie de Cocagne* (Éditions Perce-Neige, 1986), *Les Mots sauvages* (Éditions d'Acadie, 1994) et *L'E muet et autres lettres d'amour* (Éditions d'Acadie, 1998). Georges Bourgeois vit à Grande-Digue.

Bourgeois, Huguette. Née le 28 juin 1949 à Rogersville au Nouveau-Brunswick. Elle a fait des études à l'Université de Moncton. En 1984, elle publie *Les Rumeurs de l'amour* aux Éditions Perce-Neige. En 1987, elle fait paraître *L'Enfant-fleur*, et en 1990, *Espace libre*, aux Éditions d'Acadie. Huguette Bourgeois vit à Vancouver.

Bourque, Paul J. Né à Moncton le 17 décembre 1964, Paul J. Bourque a fait des Études en Arts visuels à l'Université de Moncton. Il a été directeur des Éditions Perce-Neige pendant plusieurs années, tout en publiant des textes dans les revues *Éloizes* et *Lèvres urbaines*. Il prépare présentement la publication de son premier recueil. Paul J. Bourque vit à Moncton.

Brun, Christian. Né en 1970 à Moncton, Christian Brun a vécu à Cormier-Village dans le Sud-est du Nouveau-Brunswick. Il a fréquenté l'Université de Moncton et il travaille présentement en développement international. En 1996, il publie *Tremplin* aux Éditions Perce-Neige, et en 1998, chez le même éditeur, *Hucher parmi les bombardes* qui lui a mérité d'être finaliste au Prix Nelligan.

Chiasson, Herménégilde. Né le 7 avril 1946 à St-Simon au Nouveau-Brunswick. Chef de file de la modernité acadienne, il a réalisé de nombreux films et écrit pour le théâtre, tout en exposant ses oeuvres régulièrement dans les galeries d'ici et d'ailleurs. Il a publié *Mourir à Scoudouc* (Éditions d'Acadie, 1974), *Rapport sur l'état de mes illusions* (Éditions d'Acadie, 1976), *Précis d'intensité* (avec Gérald Leblanc, Lèvres urbaines #12, Montréal), *Prophéties* (Michel Henry Éditeur, 1986), *Vous* (Éditions d'Acadie, 1991), *Existences* (Éditions Perce-Neige/Écrits des forges, 1991), *Vermeer* (Éditions Perce-Neige, 1992), *Miniatures* (Éditions Perce-Neige, 1995), *Climats* (Éditions d'Acadie, 1996), *Conversations* (Éditions d'Acadie, 1998). Herméngilde Chiasson vit à Robichaud.

Cloutier, Anne. Née le 27 septembre 1963 à Edmundston. Elle a fait paraître une plaquette intitulée *Popor Manne* en 1983, tout en publiant des textes dans diverses revues littéraires. Anne Cloutier vit à Toronto.

Comeau, Clarence. Né à Néguac au Nouveau-Brunswick. Il a complété un baccalauréat ès Arts à l'Université de Moncton. Il a publié *Entre amours et silences* (Éditions d'Acadie, 1980) qui lui a valu le Prix France-Acadie en 1981. Il a également publié des recueils à compte d'auteur. Clarence Comeau vit à Montréal.

Comeau, Frederic Gary. Né en 1979 à Robertville au Nouveau-Brunswick. Après ses études à la polyvalente Nepisiguit de Bathurst, Frederic Gary Comeau publie son premier recueil *Stratagèmes de mon impatience* (Éditions Perce-Neige, 1991). Il fera paraître par la suite : *Intouchable (*Éditions Perce-Neige, 1992); *Ravages* (Éditions Perce-Neige, 1994), *Trajets* (Éditions Perce-Neige, 1996) et *Routes* (Écrits des Forges, 1997). Frederic Gary Comeau vit à Montréal.

Comeau, Louis. Né le 24 juin 1955 à Free Grant, au Nouveau-Brunswick, il a publié *Moose Jaw* (Éditions Perce-Neige, 1982), tout en collaborant à la revue Éloizes. Artiste visuel, il a illustré des livres de poésie. Louis Comeau vit à Halifax où il enseigne le Tai Chi.

Cormier, Éric. Né le 9 mars 1979 à Robertville au Nouveau-Brunwick, Éric Cormier a fait ses études secondaires à la polyvalente Népisiguit de Bathurst. En 1997, il fait paraître son premier receuil, *À vif tel un circoncis* (Éditions Perce-Neige). Son deuxième recueil, *Le Flirt d'un anarchiste* paraîtra aux Éditions Perce-Neige. Éric Cormier vit à Moncton.

Daigle, France. Née le 18 novembre 1953 à Dieppe, en banlieue de Moncton, France Daigle a publié *Sans jamais parler du vent* (Éditions d'Acadie, 1983), *Film d'amour et de dépendance* (Éditions d'Acadie, 1984), *Histoire de la maison qui brûle* (Éditions d'Acadie, 1985), *Variations en B et en K* (à la revue nbj, Montréal, 1985), *L'Été avant la mort* (en collaboration avec Hélène Harbec, Éditions Remue-Ménage, Montréal, 1986), *La Vraie Vie* (Éditions d'Acadie, Moncton, L'Hexagone, Montréal, 1993), *1953, Chronique d'une naissance annoncée* (Éditions d'Acadie, 1995) et *Pas pire* (Éditions d'Acadie, 1998). Ce dernier roman lui a valu le Prix France-Acadie. France Daigle vit à Moncton.

Després, Ronald. Né le 7 novembre 1935 à Lewisville, banlieue de Moncton. Il débute comme journaliste à L'Évangéline et ensuite devient traducteur à Ottawa. Il a publié entre 1958 et 1968 trois recueils de poésie (*Silences à nourir de sang*, *Les Cloisons en vertige*, *Le Balcon des dieux inachevés*) et un roman-sotie, *Le Scalpel interrompu*. En 1974, un choix de poèmes est paru aux Éditions d'Acadie sous le titre *Paysage en contrebande...à la frontière du rêve*. Ronald Després vit à Ottawa.

Després, Rose. Née à Cocagne, au Nouveau-Brunswick, le 7 avril 1950. Elle a publié trois recueils, *Fièvre de nos mains* (Éditions Perce-Neige, 1982), *Requiem en saule pleureur* (Éditions d'Acadie, 1986) et *Gymnastique pour un soir d'anguilles* (Éditions Perce-Neige, 1996). Elle a fait de la musique, du théâtre et elle a collaboré à plusieurs revues littéraires d'ici et d'ailleurs. Rose Després vit à Moncton.

Diotte, Lorraine. Née à Balmoral dans le nord du Nouveau-Brunswick, Lorraine Diotte est surtout connue comme auteur-compositeur-interprète. Elle a publié des monologues sous le titre *Polidore* en 1979 et en 1981, aux Éditions d'Acadie, un recueil de textes intitulé *Bout-ci bout-là*.

Dugas, Daniel. Né en 1959 à Montréal de parents acadiens, Daniel Dugas est un artiste pluridisciplinaire et ses oeuvres ont été montrées dans plus d'une quarantaine d'expositions au Canada et à l'étranger. Il a publié *L'Hara-Kiri de Santa-Gougouna* (Éditions Perce-Neige, 1982); *Les Bibelots de tungstène* (Michel Henry Éditeur, 1989); *Le Bruit des choses* (Éditions Perce-Neige, 1995) et *La limite élastique* (Éditions Perce-Neige, 1998). Daniel Dugas vit à Shemegoue dans le sud-est du Nouveau-Brunswick.

Dugas, Jean-Marc. Né en 1957 à Montréal de parents acadiens, Jean-Marc Dugas habite Moncton depuis 1973. À la fois coiffeur, artiste visuel et *performeur*, il a publié des textes dans la revue *Éloizes*, et un recueil, *Notes d'un Maritimer à Marie-la-Mer* (Éditions Perce-Neige, 1993). Jean-Marc Dugas vit à Moncton.

Duguay, Calixte. Né en 1939 à Sainte-Marie-Sur-Mer à l'île de Lamèque, au Nouveau-Brunswick. Connu principalement pour ses chansons et son travail de musicien, il a publié en 1975 aux Éditions d'Acadie un recueil de poèmes et de chansons, *Les Stigmates du silence*. Calixte Duguay vit à Montréal.

Duguay, Joséphine (1896-1981). Pendant près d'un demi-siècle, Joséphine Duguay a livré au journal l'Évangéline ses écrits, surtout en poésie. Cette poésie aux formes variées, mais avec rimes et mesures, se révèle avant tout amoureuse de la nature et en quelque sorte près du peuple, ses vers étant à la portée de tous.

Étienne, Gérard. Né en 1936 à Haïti, Gérard Étienne habite Moncton depuis près d'une trentaine d'années où il est professeur de linguistique et de journalisme à l'Université de Moncton. À la fois romancier et critique, il a publié, entre autres, en poésie: *Dialogue avec mon ombre* (Éditions francophones du Canada, 1972), *Cri pour ne pas mourir de honte* (Éditions Nouvelle Optique, 1982) et *La Charte des crépuscules 1960-1980* (Éditions d'Acadie, 1993)

Forest, Léonard. Né en 1928 à Chelsea, au Massachussetts de parents acadien, Léonard Forest grandit à Moncton, au Nouveau-Brunswick. Il s'est distingué au cinéma en réalisant de nombreux films, entre autres: *Les Acadiens de la Dispersion*, *La Noce est pas finie* et *Un soleil pas comme ailleurs*. Il a publié deux recueils de poésie, *Saisons antérieures* (Éditions d'Acadie, 1973), *Comme en Florence* (Éditions d'Acadie, 1979) et un recueil d'essais, *La Jointure du temps* (Éditions Perce-Neige, 1997). Léonard Forest vit à Moncton.

Gallant, Melvin. Né en 1932 à Urbainville, à l'Ile-du-Prince-Édouard. Professeur à l'Université de Moncton maintenant à la retraite, Melvin Gallant a publié plusieurs livres dans des genres différents, entre autres, *Ti-Jean, contes acadiens* (Éditions d'Acadie, 1973); un roman, *Le chant des grenouilles* (Éditions d'Acadie, 1982) qui lui a valu le Prix France-Acadie;

et un recueil de poésie, *L'Éte insulaire* (Éditions d'Acadie, 1982). Melvin Gallant partage son temps entre la Martinique et l'Acadie.

Germain, Paul. Né en 1939 à Québec. Il a publié *À corps et à cris* (Éditions d'Acadie, 1980). Paul Germain habite la ville de Québec.

Hamel, Judith. Né en 1964 au Québec. Elle a fait des études en littérature et en philosphie à l'Université de Moncton. Elle a publié *En chair et en eau* (Éditions Perce-Neige, 1993). Judith Hamel vit à Riverside dans le comté d'Albert au Nouveau-Brunswick.

Harbec, Hélène. Née en 1946 à St-Jean sur Richelieu, au Québec, Hélène Harbec vit à Moncton depuis l'été 1970. Elle a publié, en collaboration avec France Daigle, *L'Été avant la mort* (Éditions Remue-ménage, 1986), et *Le Cahier des absences et de la décision* (Éditions d'Acadie, 1991). En 1998, elle fait paraître son premier roman, *L'Orgueilleuse* (Éditions Remue-ménage). Hélène Harbec vit à Moncton.

Jacquot, Martine L. Née en 1955 en France, Martine L. Jacquot habite depuis 1981 dans la Vallée de l'Annapolis en Nouvelle-Écosse. Elle a publié des romans, entre autres, *Les terres douces* (Éditions Quatre-Saisons, 1988) et de la poésie, *Route 138* (Éditions Grand-Pré et Quatre-Saisons, 1989 et *Fleurs de pain,* Éditions du Vermillon, 1991).

Jean, Guy. Né en 1935 à Campbellton, au Nouveau-Brunswick, Guy Jean travaillé dans la région de Bathurst, en animation socio-économique dans les années 70, avant de partir vivre et travailler dans la région de l'Outaouais. Il publie *Paroles d'Acadie et d'après* (Éditions Asticou, 1982). Guy Jean vit dans la région de l'Outaouais.

Landry, Napoléon. Né en 1884 à Memramcook, au Nouveau-Brunswick, Napoléon Landry fait des études classiques avant d'être ordonné prêtre en 1914. Il publie deux recueils de poésie *Poèmes de mon pays* (École des Sourds-Muets, 1949) et *Poèmes acadiens* (Fides, 1955). Lauréat de l'Académie de Jeux Floraux de Lyon en 1951, il reçoit en 1955 le grand prix de la langue française décerné par l'Académie Française. Il est mort accidentellement à Moncton en 1956.

Landry, Ulysse. Né à Cap-Pelé en 1950, Ulysse Landry est à la fois musicien, compositeur et écrivain. Il a publié *Tabous aux épines de sang* (Éditions d'Acadie, 1977); *L'Espoir de te retrouver* (Éditions Perce-Neige, 1992) et un roman, *Sacrée Montagne de fou* (Éditions Perce-Neige, 1996) qui s'est mérité le Prix France-Acadie. Ulysse Landry vit à Moncton.

Lanteigne, François-Moïse. Né le 29 janvier 1885, à Caraquet. Il fait ses études au collège de Sacré-Cœur de son village natal et il est ordonné prêtre en 1911. Il a publié en 1951 *Lyre d'Acadie.* François-Moïse Lanteigne est décédé en 1964.

Leblanc, Gérald. Né le 25 septembre 1945, Gérald Leblanc a été parolier pour le groupe folk-rock «1755» avant de publier son premier recueil, *Comme un otage du quotidien* (Éditions Perce-Neige, 1981). Suivirent : *Géographie de la nuit rouge* (Éditions d'Acadie, 1984), *Précis d'intensité* (en collaboration avec Herménégilde Chiasson, Lèvres urbaines, #12, 1985), *Lieux transitoires* (Michel Henry Éditeur, 1986), *L'Extrême frontière* (Éditions d'Acadie, 1988), *Les Matins habitables* (Éditions Perce-Neige, 1991), *Complaintes du continent* (Éditions Perce-Neige, 1993), *Éloge du chiac* (Éditions Perce-Neige, 1995), *Je n'en connais pas la fin* (Éditions Perce-Neige, 1999) et un roman, *Moncton Mantra* (Éditions Perce-Neige, 1997). Gérald Leblanc vit à Moncton.

LeBlanc, Mario. Né 18 octobre 1977 à Moncton au Nouveau-Brunswick. Chansonnier, Mario LeBlanc est mieux connu sous le nom Fayo. Il prépare un premier recueil de poésie intitulé *Taches de naissance* (Éditions Perce-Neige, 1999). Il habite Dieppe, en banlieue de Moncton.

LeBlanc, Monique. Né le 17 décembre 1960 à Richibouctou au Nouveau-Brunswick. Elle a fait des études à l'Université de Moncton. Suite à la publication de *Joanne d'où Laurence* (Éditions Perce-Neige, 1987) elle a écrit pour le théâtre avant de se consacrer au cinéma. Monique LeBlanc partage son temps entre Halifax et Moncton.

LeBlanc, Raymond (Guy). Né en 1945 à Saint-Anselme en banlieue de Moncton, Raymond Guy LeBlanc a été le premier poète publié aux Éditions d'Acadie avec *Cri de terre* (1972) qui a connu de nombreuses réimpressions et deux rééditions. Il a préparé une anthologie de la poésie acadienne avec Jean-Guy Rens intitulée *Acadie/Expérience* (Éditions Parti-Pris, Montréal, 1977). En 1988, il publie *Chants d'amour et d'espoir*

(Michel Henry Éditeur) et en 1993, il regroupait des poèmes inédits écrits entre 1964 et 1992 sous le titre *La Mer en feu* (Éditions Perce-Neige). Raymond Guy LeBlanc prépare un nouveau recueil pour l'an 2000 et il vit à Moncton.

Legaré, Huguette. Né en 1948 à Québec. Elle a complété des études post-doctorales à l'Université Laval anant de s'installer au Nouveau-Brunswick. Elle a publié plusieurs recueils dont *Brun Marine* (Éditions d'Acadie, 1982) et *Le Cheval et l'éclat* (Éditions Naaman, 1985). Huguette Légaré vit à Bathurst.

Léger, Dyane. Née à Notre-Dame-de-Kent, en 1954, Dyane Léger est entrée en littérature avec fracas en publiant *Graines de fées* (Éditions Perce-Neige,1980) qui lui a mérité le Prix France-Acadie. Elle a publié par la suite : *Sorcière de vent* (Éditions d'Acadie, 1983), *Visages de femmes* (Éditions d'Acadie, 1987), *Les Anges en transit* (Écrits des forges/Éditions Perce-Neige, 1992), *Comme un boxeur dans une cathédrale* (Éditions Perce-Neige, 1996) et *Le Dragon de la dernière heure* (Éditions Perce-Neige, 1999). Dyane Léger vit à Moncton.

Morais, Cindy. Née le 27 mars 1979 à Montréal. Elle a publié des textes dans la revue *Éloizes*. Elle prépare un recueil de poésie intitulé *Zizanies* (Éditions Perce-Neige, 1999).

Morin Rossignol, Rino. Né en 1950 à Saint-Basile au Nouveau-Brunswick. Artiste visuel de formantion, Rino Morin Rossignol s'est révélé essayiste, poète, dramturge et stratège politique. Son œuvre poétique comprend *Les Boas ne touchent pas aux lettres d'amours* (Éditions Perce-Neige, 1988), *La Rupture des gestes* (Éditions d'Acadie, 1994) et *L'Éclat du silence* (Écrits des Forges, 1998). Rino Morin Rossignol vit à Montréal.

Paratte, Henri-Dominique. Né en 1950 à Berne, en Suisse. Depuis plus de vingt ans, il enseigne à l'Université Acadia en Nouvelle-Écosse. Il a publié, entre autres, *La Mer écartelée* (Éditions Naaman, 1978), *Dis-moi la nuit* (Éditions d'Acadie, 1982) et *Confluences* (Éditions du Grand-Pré, 1995). Henri-Dominique Paratte vit dans la vallée d'Annapolis.

Pelletier, Charles. Né le 19 décembre 1951 à Edmundston pendant une tempête de neige, Charles Pelletier a écrit de nomreuses pièces de théâtre dont *Dame Bulle* qui a été monté par Théâtre Nouveau (1978) et le Théâtre de l'Escaouette (1987) et *Molabiana* (Théâtre Nouveau, 1983). Il a publié de nombreux articles ainsi que le livre, *Oasis; Itinéraire de Dehli à Bombay* (Éditions d'Acadie, 1993). Il habite Edmundston.

Perrot-Bishop, Annick. Né le 7 juin 1945 au Viêt-Nam. En plus de publiés régulièrement dans diverses revues et anthologies, elle a publié un roman *Maisons de cristal* (Éditions Logiques, 1990), un recueil de poésie *Au bord des yeux la nuit* (Éditions d'Acadie, 1996) et un recueil de nouvelles *Fragments de saisons* (Éditions du Vent d'Ouest, 1998). Elle prépare présentement un deuxième recueil de poésie intitulé *Femme au profil d'arbre.* Annick Perrot-Bishop habite Terre-Neuve.

Pichette, Robert. Né à Edmundston, au Nouveau-Brunswick, en 1936, Robert Pichette est écrivain et journaliste. Il a publié de nombreux ouvrages historiques, entre autres : *Pour l'honneur de mon prince...* (1989) qui lui valu le Prix France-Acadie, et *L'Acadie par bonheur retrouvée* (1994) et *Napoléon III, L'Acadie et le Canada Français* (1998), ainsi que deux recueils de poésie, *Chimères* (1982) et *Bellérophon* (1987) aux Éditions d'Acadie. Robert Pichette vit à Moncton.

Pitre, Martin. Né en 1963 à Robertville, au Nouveau-Brunswick, Martin Pitre a fait des études en communication à Moncton et à Paris. Il a publié *À s'en mordre les dents* (Éditions Perce-Neige, 1982), *La Morsure du désir* (Éditions d'Acadie, 1993) et un roman, *L'Ennemi que je connais* (Éditions Perce-Neige, 1995). Martin Pitre a mis fin à ses jours en novembre 1998.

Poirier, Marc. Né le 10 avril 1973 à Moncton. Chanteur principal du groupe Zéro° Celsius, il a publié *Avant que tout' disparaisse* (Éditions Perce-Neige 1993). Il vient d'écrire une pièce de théâtre interdisciplinaire intitulé *Le Mythe du Masque à Ray*. Il prépare un deuxième recueil à paraître aux Éditions Perce-Neige. Marc Poirier vit à Moncton.

Raîche, Jean-Philippe. Né en 1971 à Petit-Rocher, au Nouveau-Brunswick. Tout en collaborant à diverses revues de création (Éloizes, Callicriture, Estuaire), Jean-Philippe Raîche a fait des études à Moncton, à Montréal et à Paris, où il vit présentement.

Raymond, Maurice. Né à Campbellton, au Nouveau-Brunswick, en 1954, Maurice Raymond a étudié à l'Université de Moncton et à l'Université du Québec à Rimouski. Il a publié *Implorable désert* (Éditions d'Acadie, 1988) et *La soif des ombres* (Éditions Perce-Neige, 1994). Maurice Raymond vit à Moncton.

Roy, Albert. Né le 24 octobre 1948 à Kedgwick dans le nord du Nouveau-Brunswick. Albert Roy est à la fois poète, animateur, comédien et enseignant à la polyvalente A.-M. Sormany d'Edmundston. Il a publié, entre autres, *Fouillis d'un Brayon* (Éditions d'Acadie, 1980) et *Au mitan du Nord* (Les Éditions Marévie, 1991). Albert Roy vit à Edmundston.

Roy, Christian. Né en 1979 à Robertville au Nouveau-Brunswick. Il a fait ses études secondaires à la polyvalente Népisiguit de Bathurst. Il a publié *Pile ou face à la vitesse de la lumière* (Éditions Perce-Neige, 1998). Christian Roy étudie présentement à Moncton.

Savoie, Roméo. Né en 1927 à Moncton au Nouveau-Brunswick. Roméo Savoie a pratiqué le métier d'architecte pendant plusieurs années. Artiste visuel de grande rennomée, ses peintures ont été exposées dans de nombreuses villes dont Paris, New York et Miami. Il a publié *Duo de démesure* (Éditions d'Acadie, 1981), *Trajets dispersés* (Éditions d'Acadie, 1989), *L'Eau brisée* (Éditions d'Acadie, 1992) et *Dans l'ombre des images* (Éditions d'Acadie, 1996). Roméo Savoie vit à Robichaud.

Thériault, Mario. Né en 1962 à Baie Ste-Anne au Nouveau-Brunswick. Suite à des études à l'Université de Moncton, il a vécu à Vancouver, à Paris et à Toronto. Il a publié deux recueils de poésie, *Échographie du Nord* (Éditions Perce-Neige, 1992), *Vendredi Saint* (Éditions Perce-Neige, 1994) et un recueil de nouvelles *Terre sur mer* (Éditions Perce-Neige, 1997). Mario Thériault vit et travaille présentement à Moncton.

Thibodeau, Serge Patrice. Né à Rivière-Verte, au Nouveau-Brunswick, en 1959. Il a publié *La Septième Chute* (Éditions d'Acadie, 1990), *Le Cycle de Prague* (Éditions d'Acadie 1992), *Le Passage des glaces* (Écrits des Forges, 1992), *Nous l'étranger* (Écrits des Forges, 1985), *Le Quatuor de l'errance* (L'Hexagone, 1985), *Nocturnes* (Écrits des Forges, 1997) et *Dans la cité* (L'Hexagone, 1997). Il a remporté de nombreux prix littéraires dont le prix du Gouverneur-général du Canada pour *Le Quatuor de l'errance.* Serge Patrice Thibodeau vit une partie de l'année à Montréal.

Table des matières

Collection Poésie :

Anthologie	*La Poésie acadienne*
Anthologie	*Poésie acadienne contemporaine*
Guy Arsenault	*Jackpot de la pleine lune*
	Acadie Rock
Marc Arseneau	*L'Éveil de lodela*
	À l'antenne des oracles
Georges Bourgeois	*Les Îles Fidji dans la baie de Cocagne*
Huguette Bourgeois	*Les Rumeurs de l'amour*
Christian Brun	*Hucher parmi les bombardes*
	Tremplin
Herménégilde Chiasson	*Miniatures*
	Vermeer
	Existences
Fredric Gary Comeau	*Trajets*
	Ravages
	Intouchable
	Stratagèmes de mon impatience
Louis Comeau	*Moosejaw*
Éric Cormier	*À vif tel un circoncis*
Rose Després	*Gymnastique pour un soir d'anguilles*
	Fièvre de nos mains
Daniel Dugas	*La Limite élastique*
	Le Bruit des choses
	L'Hara-kiri de Santa Gougouna
Jean-Marc Dugas	*Notes d'un Maritimer à Marie-la-Mer*
Judith Hamel	*En chair et en eau*
Ulysse Landry	*L'Espoir de te retrouver*
Gérald Leblanc	*Éloge du chiac*
	Complaintes du continent
	Les Matins habitables
	Comme un otage du quotidien
Monique LeBlanc	*Joanne d'où Laurence*
Raymond Guy LeBlanc	*La Mer en feu (poèmes 1964-1992)*
Dyane Léger	*Comme un boxeur dans une cathédrale*
	Les Anges en transit
	Graines de fées
Henry Wadsworth Longfellow	*Évangéline*
Martin Pître	*À s'en mordre les dents*
Marc Poirier	*Avant que tout' disparaisse*
Maurice Raymond	*La Soif des ombres*
Christian Roy	*Pile ou face à la vitesse de la lumière*
Mario Thériault	*Vendredi Saint*
	Échographie du Nord

Serge Patrice Thibodeau	*Le Passage des glaces*
Collectif	*L'Événement Rimbaud*
Collectif	*Les Cent Lignes de notre américanité*

Collection Essai :

Léonard Forest	*La Jointure du temps*
Alain Masson	*Lectures acadiennes (articles et comptes rendus sur la littérature acadienne depuis 1972)*

Collection Acadie Tropicale :

Jean Arceneaux	*Suite du loup*
Deborah Clifton	*À cette heure, la louve*
Zachary Richard	*Faire récolte*

Collection Prose :

Jean Babineau	*Gîte*
	Bloupe
Ulysse Landry	*Sacrée Montagne de fou*
Gérald Leblanc	*Moncton Mantra*
Martin Pître	*L'Ennemi que je connais*
Camilien Roy	*La Première Pluie*
Mario Thériault	*Terre sur mer*

Achevé d'imprimer
pour le compte des Éditions Perce-Neige
en août 1999

Imprimé au Canada